Merkregeln Deutsch

für die Grundschule

von Heidrun Bubeck
mit Illustrationen von Sven Palmowski

ENSSLIN

Inhalt

Rechtschreibung

Sprachbetrachtung/Grammatik

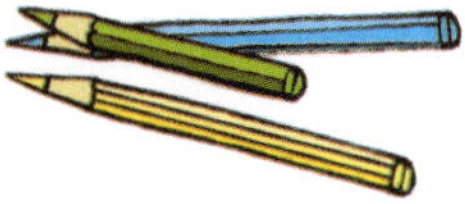

Arbeit am Satz

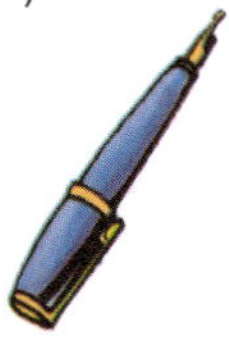

Aufsatz

Menschen, Tiere, Pflanzen, Dinge und Gefühle haben einen Namen.
Namenwörter werden großgeschrieben.

Anna **H**ase **R**ose **H**eft **I**dee **L**iebe

Unterstreiche die Namenwörter für …

… Menschen:	rot
… Tiere und Pflanzen:	grün
… Dinge:	blau
… Gedanken und Gefühle:	gelb

Löwenzahn	Angst	Clara	Nagel
Hund	Brille	Fahrrad	Moritz
Frau	Freude	Ameise	Schmerzen
Band	Torte	Glück	Trommel
Hubschrauber	Berg	Spitze	Rennfahrer

Du erkennst ein Namenwort daran, dass du einen Begleiter davor setzen kannst.

bestimmter Begleiter:	**der**	Ball	**die**	Pfeife	**das**	Tor
unbestimmter Begleiter:	**ein**		**eine**		**ein**	

Suche zu jedem Namenwort den richtigen Begleiter.
Verbinde beides mit einer Linie.

der die das ein eine ein

Mikrofon Boot Welle
Bleistift Seepferdchen
Papier
Firma Ufer
Post Chef Muschel Segler

Suche die zehn Namenwörter.
Ersetze den kleinen Anfangsbuchstaben durch einen roten Großbuchstaben.
Ergänze dann den bestimmten Begleiter.

starr	trikot	pokal
schießen	fantastisch	schuh
traum	verein	duschen
flasche	groß	tasche
freundlich	spielen	begeistert
ball	fan	riese

Endungen -heit, -keit, -nis, -schaft, -tum, -ung

Wörter mit den Endungen -heit, -keit, -nis, -schaft, -tum, -ung sind **Namenwörter**. Sie werden großgeschrieben.

die Krankheit	die Fröhlichkeit	das Zeugnis
die Bezahlung	der Reichtum	die Verwandtschaft

Bilde aus den Silben Wörter mit den Endungen -heit, -keit, -nis und -schaft.

-reit-	Ge-	Sau-	-nis	-sen-	Wis-	-keit
Pünkt-	Be-	-nis	-heit	-lich-	Ge-	-las-
-heit	-schaft	Si-	-schaft	-ber-	-sen-	-laub-
-keit	Er-	-sund-	-cher-	Ver-	-heit	-heim-

Zeitwörter sagen, was Menschen, Tiere, Pflanzen oder Dinge tun.
Zeitwörter werden kleingeschrieben.

Paula **a**rbeitet am Computer.
Die Rosen **w**achsen schnell.
Der Kater **s**itzt auf dem Schuh.
Das Fahrrad **k**ostet 500 Euro.

Unterstreiche die Zeitwörter in der Wörterschlange.
Schreibe sie in dein Heft. Achte dabei auf die Kleinschreibung.

BADENIMSCHWIMMBADSPRINGENSCHWIMMENRUTSCHEWASSER
SONNELIEGENBALLFRÖHLICHSPIELENEISTÜTELESENLECKERGEHEN
UMZIEHENHUNGRIGPOMMESESSENTRINKENCOLAKOPFSPRUNG
KRAULENSPRITZENBADEMEISTERSCHWIMMRING

Wer tut was? Schreibe passende Sätze in dein Heft,
z. B.: *Der Dackel bellt.*

schlafen, niesen, fliegen, singen, einkaufen, gießen, bellen, malen

Eigenschaftswörter (Wiewörter, Adjektive)

Eigenschaftswörter sagen, wie Menschen, Tiere, Pflanzen oder Dinge sind. **Eigenschaftswörter werden kleingeschrieben.**

Der Pirat ist **b**öse. → der **b**öse Pirat
Du fragst: Wie ist der Pirat? → böse

Das Krokodil ist **g**efährlich. → das **g**efährliche Krokodil

Welche Eigenschaftswörter sind hier versteckt? Markiere sie mit einem Leucht- oder Farbstift!

dunkel	Pirat	groß
finden	segeln	Anker
Tau	schief	wild
reich	Schatz	spannend
Schiff	süß	laut

Unterstreiche die Eigenschaftswörter und schreibe sie in dein Übungsheft.

Kapitän Klaugold notierte in sein geheimes Tagebuch:

„Am 3. Juni gingen wir in einer kleinen Bucht vor Anker. Hier, auf dieser sonnigen Insel, sollte unser wertvoller Goldschatz vergraben werden. Wir trugen den schweren Schatz durch einen dichten Wald. Dann gingen wir auf einen hohen Berg zu, der an einem idyllischen Fluss lag. Der Weg war steinig. Obwohl wir erschöpft waren, mussten wir auch eine wackelige Brücke überqueren. Bald erreichten wir einen großen See ... War hier ein gutes Versteck für den Schatz?"

Eigenschaftswörter kann man auch an bestimmten **Endsilben** erkennen:

wind ig	reich lich	stürm isch	wunder bar
sagen haft	sorg los	aufmerk sam	geheimnis voll

Hier werden die Endsilben nur an andere Wörter gehängt – schon entsteht ein neues Wort.

der Wind + ig → windig
stürm(en) + isch → stürmisch
reich + lich → reichlich

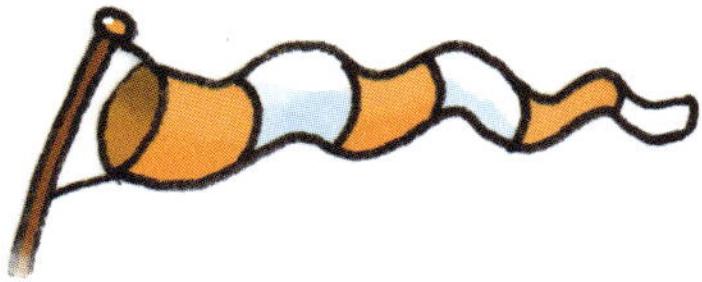

Bilde Eigenschaftswörter mit -ig, -lich oder -isch und schreibe sie in dein Übungsheft.

Herbst	Regen	Gespenst	Nebel	Freund
Sonne	Eis	Winter	Dieb	

Den Wörtern in der Truhe fehlen die Endsilben:
~~-voll,~~ -bar, ~~-lich, -ig,~~ -isch, ~~-sam, -haft.~~ Ergänze sie.

Fürwörter (Pronomen)

Fürwörter stehen anstelle von Namenwörtern.
Fürwörter werden kleingeschrieben.

ich, du, er, sie, es, wir, ihr, sie; mir, dir, ihm, ihnen, mich, ihn ...

Kreise die Fürwörter ein.

dicht	fein	dich	Esel	Eier
du	tanzen	wir	rennen	sie
Nina	es	Tom	ihr	ich
Sieb	euch	Blume	uns	ihren
ihre	Wirt	euer	er	Eule

Ersetze die roten Wörter durch passende Fürwörter. Schreibe die veränderten Sätze in dein Heft.

Mitternacht

Am Abend hat Mama den Brüdern Jesko und Jonas eine Gespenstergeschichte vorgelesen. Jesko und Jonas fanden die Geschichte komisch und machten sich über die Gespenster lustig. Wenig später waren Jesko und Jonas eingeschlafen.
Um Mitternacht wacht Jesko auf. Hat da nicht etwas geklappert und geklirrt? Jesko weckt Jonas. „Du träumst!", sagt Jonas. In diesem Moment fällt im Flur scheppernd eine Vase um. „Wir müssen nachschauen!", schlägt Jonas vor. Jesko versteckt sich hinter Jonas' Rücken. Jesko und Jonas schleichen die Treppe hinunter. Pfeilschnell saust etwas an Jonas und Jesko vorbei und streift Jeskos Fuß. Jonas sucht den Lichtschalter. Endlich findet Jonas den Lichtschalter.
„Ach, du bists!", seufzt Jonas erleichtert. Es war Schnurr, die Katze. Die Katze wollte aus der Vase trinken und hat die Vase umgeworfen. „Du hast Jonas und Jesko erschreckt!", rufen die beiden.

Kann man einem Zeitwort einen Begleiter (Artikel) **oder ein Verhältniswort** (Präposition) **zuordnen, so wird es zum Namenwort.** Es wird dann großgeschrieben.

Sina liebt *das* **L**esen. Ich brauche einen Pinsel *zum* **M**alen.

Setze einen Artikel vor das Zeitwort. Aus dem Zeitwort wird dann ein Namenwort, das großgeschrieben wird.

______ ____________________ der Baustelle ist verboten.
(betreten)

Mark übt ______ ____________________ des Buchstabens Q.
(schreiben)

Setze die in Klammern geschriebenen Wörter richtig ein.

Ich lade meinen Freund zum ____________________ ein.
(spielen und essen)

Beim ____________________ ist ein Glas zerbrochen.
(spülen)

Setze die eingeklammerten Wörter richtig ein. Entscheide, ob du sie groß- oder kleinschreiben musst.

Tina hat sich beim ________________ so verschluckt, dass sie ________________ muss. (essen, husten)

Tim hat vom ________________ Seitenstechen bekommen. (rennen)

Wenn ich ________________, bekomme ich Durst. (rennen)

Du musst dich ________________, bevor wir losfahren. (anschnallen)

Das ________________ im Auto ist Pflicht. (anschnallen)

Substantivierung von Eigenschaftswörtern

Kann man einem Eigenschaftswort einen Begleiter (Artikel) **oder ein unbestimmtes Zahlwort zuordnen, so wird es zum Namenwort.** Es wird dann großgeschrieben.

Der **G**roße aus der 4a hat mich angerempelt.
Auf der Radtour haben wir *viel* **A**benteuerliches erlebt.

Setze die in Klammern geschriebenen Wörter richtig ein.

Der ____________ aus dem anderen Team ist superschnell. (neu)

Das ________________ ist, dass ich Geld verloren habe. (ärgerlich)

Wir wünschen dir alles ____________ zum Geburtstag. (gut)

Sonntags gibt es oft etwas _____________. (süß)

Setze die eingeklammerten Wörter richtig ein.
Werden sie groß- oder kleingeschrieben?

Hast du heute etwas _______________ gekocht? (lecker)

Das ___________ auf dem Foto ist viel zu ___________. (gelb, grell)

Annika kauft sich etwas _______________ zum Anziehen. (schick)

Philip darf nicht ins ____________; er kann nicht schwimmen. (tief)

Das ____________ ist gerade _________ genug für ihn. (beste, gut)

Du hast deine Hose sehr _______________ gemacht. (schmutzig)

Der _____________ braucht ärztliche Hilfe. (krank)

Zeitangaben wie ***h**eute*, ***m**orgen*, ***g**estern*, ***a**bends*, ***m**ittags* usw. werden kleingeschrieben.

Zeitangaben können aber auch wie Namenwörter gebraucht werden. Dann werden sie großgeschrieben.

der **M**orgen, am **A**bend, gegen **M**ittag, gestern **N**acht, heute **N**achmittag

Setze die Zeitangaben in korrekter Groß- und Kleinschreibung ein:
HEUTE, AM SPÄTEN NACHMITTAG, HEUTE MITTAG, MORGEN VORMITTAG, ABENDS.

Bald ist Weihnachten. Deshalb wollen Papa und ich ____________ eine Weißtanne kaufen. Ich muss bis ________________________ ____________ warten, denn Papa kommt erst um 17 Uhr aus dem Büro nach Hause. Morgen ist Samstag, da werde ich Mama beim Plätzchenbacken helfen. Die Zutaten kaufen wir _______________ ____________ ein. Beginnen wollen wir ________________________. Hoffentlich kann ich die Plätzchen ____________ noch probieren.

Bringe die Zeitangaben in die richtige Reihenfolge. Schreibe in dein Heft. Achte auf die Groß- und Kleinschreibung!

MORGEN MITTAG	GESTERN	AM VORMITTAG
MITTAGS	HEUTE NACHMITTAG	AM ABEND
HEUTE MORGEN	KOMMENDE NACHT	VORGESTERN ABEND

Selbstlaut-Dehnung

> Die Selbstlaute (Vokale) sind: **a** – **e** – **i** – **o** – **u**.
>
> Ein Selbstlaut kann lang oder kurz gesprochen werden.
>
> lang gesprochene Selbstlaute: **A**bend, **e**del, **I**gel, **O**fen, **U**nsinn
> kurz gesprochene Selbstlaute: **A**pfel, **E**ssig, **i**mmer, **o**ffen, **u**nten

Achtung: Der lang oder kurz gesprochene Selbstlaut kann darüber entscheiden, ob der folgende Mitlaut (Konsonant) verdoppelt wird oder nicht. Achte also beim Rechtschreiben immer auf deutliche Aussprache!

> Auf einen lang gesprochenen Selbstlaut folgt nie ein doppelter Mitlaut!

- **ohne Dehnungszeichen:**
  Ein Selbstlaut kann lang gesprochen werden, ohne dass er ein Dehnungszeichen nach sich zieht:
  *F**a**den, Sch**e**re, T**i**ger, D**o**se, Sch**u**le*

- **Dehnungs-h:**
  Auf einen lang gesprochenen Selbstlaut folgt oft ein **h**, das man nicht hört. Der Selbstlaut wird gedehnt:
  *z**ah**len, J**ah**r, M**eh**l, L**eh**rer, fr**oh**, S**oh**n, St**uh**l, **Uh**r*

- **Verdoppelung der Selbstlaute:**
  Es gibt nur wenige Wörter, bei denen du den lang gesprochenen Selbstlaut verdoppelst – aa, ee, oo –, wie in:
  *H**aa**r, P**aa**r, B**ee**re, l**ee**r, B**oo**t, Z**oo***

- **Langes i (ie):**
  Oft wird ein lang gesprochenes i als **ie** geschrieben:
  *v**ie**r, Sp**ie**gel, D**ie**b, l**ie**gen*

Wie heißen die verpurzelten Wörter? Ordne sie in die Tabelle ein.

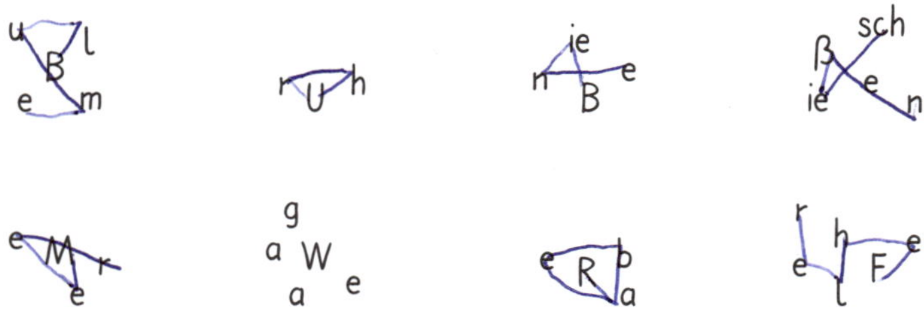

• ohne Dehnungszeichen	• Dehnungs-h
• Verdoppelung der Selbstlaute	**• ie**
	Biene schießen

Unterstreiche die Wörter mit langem Selbstlaut. Zeichne eine Tabelle (wie oben) in dein Heft. Ordne die Wörter ein.

Im Winter

Es liegt Schnee. Der See hat eine dicke Eisdecke. Längst liegen die Boote an Land. Eine Tafel warnt: „Betreten verboten! Lebensgefahr!" Fünf Kinder fahren mit ihren Schlittschuhen auf dem gefrorenen See um die Wette. Da passiert es: Ein Mädchen bricht bis zum Hals ins Eis ein. „Hilfe, Hilfe!", schreit es. Auf dem Bauch robbend, schieben sich ihre Freunde heran und ziehen sie halb an den Haaren, halb an den Armen heraus. Die Kinder schwören: „Das tun wir nie wieder!"

Umlaute

Bei Namenwörtern können Selbstlaute zu Umlauten (**ä** – **ö** – **ü**) werden, und zwar ...

... in der Mehrzahl: der Ball → die Bälle, der Vogel → die Vögel, das Buch → die Bücher

... wenn du das Namenwort verkleinerst:

die Hand → das Händchen, der Topf → das Töpfchen, der Stuhl → das Stühlchen

Markiere alle Umlaute mit Leucht- oder Farbstift.

Gräser, Blatt, hören, grün, Lineal,
Flügel, Vogel, Löwe, Mäppchen, fünf,
Höhle, Rücken, böse, Draht, Zähne

Ergänze!

Einzahl	**Mehrzahl**
das Band	______________________
der Wald	______________________
die Kuh	______________________
der Sturm	______________________

	Verkleinerung
das Glas	______________________
das Huhn	______________________
die Rose	______________________
das Schloss	______________________

Das ist eine „Mach-mehr-daraus"-Maschine. Man steckt eine Sache hinein – und schwupps! – unten kommen viele davon heraus.

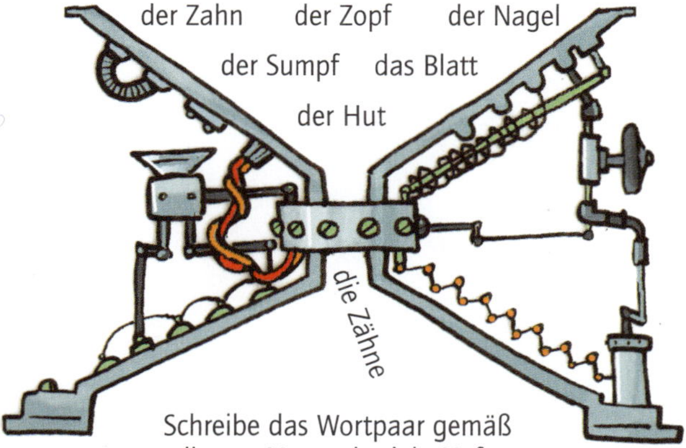

Schreibe das Wortpaar gemäß
diesem Muster in dein Heft:
der Zahn – die Zähne

Das ist eine Verkleinerungs-Maschine. Oben stopft man eine Sache hinein – und zack! – unten kommen viele davon heraus.

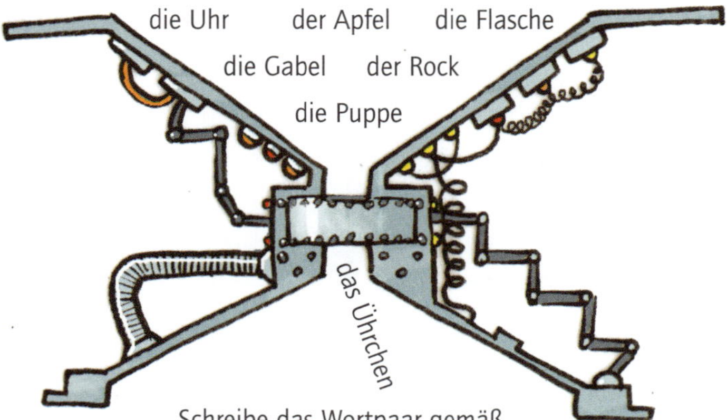

Schreibe das Wortpaar gemäß
diesem Muster in dein Heft:
die Uhr – das Ührchen

Wörter mit Doppellauten

Die Doppellaute **ai**, **ei**, **eu**, **au**, **äu** gelten als lang gesprochener Selbstlaut. Sie werden wie ein einziger Laut behandelt.

ai: Brotlaib, Hai, Kaiser, Laie, Mai, Mais, Waise
ei: Kleid, klein, mein, Reis, schreiben
eu: Freundin, heulen, heute, Leute
au: Baum, Haus, Maus, sauber
äu: Bäume, Häuser, Mäuse, säubern

Löse das Rätsel. Kreise dann die Doppellaute ein.

1. Raubfisch _ _ _
2. Gegenteil von leise _ _ _ _
3. Anderes Wort für Dieb _ _ _ _ _ _
4. Unsere Sprache heißt … _ _ _ _ _ _ _
5. Mittel zum Händewaschen _ _ _ _ _
6. Zimmer, Stuben, Säle R _ _ _ _
7. 5. Monat des Jahres _ _ _

8. Gegenteil von sehr heiß e _ _ k _ _ _
9. Beurteilung pro Schuljahr Z _ _ _ _ _ _
10. Ein bestimmter Finger _ _ _ _ _ _

Wörter mit **ä** kannst du oft von einem Wort mit **a** ableiten.
Überprüfe: Gibt es ein anderes Wort aus dieser Wortfamilie?

a) Bilde die Einzahl: die Zähne → der Zahn

b) Vergrößere das Wort: das Lämmchen → das Lamm

c) Suche die Grundform: sie fährt → fahren

d) Bilde die Grundstufe: stärker → stark

Wörter mit **e** haben verwandte Wörter, die ebenfalls mit **e** geschrieben werden.

Ä/ä oder E/e? Fülle die Schreiblücken aus.
Suche danach zu den ä-Wörtern ein verwandtes Wort mit a und schreibe beides in dein Heft.

G___stern machte meine Klasse einen Ausflug. Wir b___sichtigten ein Museum, in dem Dinosaueriersk___lette ausgest___llt sind. Ein n___tter Führer begleitete uns durch die S___le und erkl___rte alles. Wir sahen das Sk___lett des Tyrannosaurus Rex; das war ein Raubsaurier. Er hatte kr___ftige Hinterbeine und konnte sich schn___ll fortbew___gen. Auf dem Heimw___g m___rkte mein Freund, dass er seinen Rucksack im Mus___um verg___ssen hatte. Unser L___hrer war s___hr ver___rgert. Die ganze Klasse musste auf meinen Freund warten. Fast h___tten wir zu sp___t den Zug ___rreicht. Trotzdem war ___s ein schöner Ausflug.

Wortableitungen: äu → au

Wörter mit **äu** kannst du oft von einem Wort mit **au** ableiten.
Überprüfe: Gibt es ein anderes Wort aus dieser Wortfamilie?

a) Bilde die Einzahl:	die Träume → der Traum
b) Vergrößere das Wort:	das Bäumchen → der Baum
c) Suche die Grundform:	er läuft → laufen
d) Suche ein verwandtes Wort:	schnäuzen → die Schnauze

Kreise ein:
eu → rot, äu → blau.

Heute hat ein scheußliches Ungeheuer alle freundlichen Leute aus der neuen Scheune verscheucht.

Der gräuliche Räuber-häuptling Mäuerlein räucherte alle bäuerlichen Gebäude ein.

Wörter mit **eu** haben verwandte Wörter, die ebenfalls mit **eu** geschrieben werden.

der Freund → freundlich

Markiere die verwandten Wörter/Wortpaare mit derselben Farbe.
Schreibe die Wortpaare in dein Heft.

neu	bläulich	die Freude	laut
kauen	bezeugen	das Zeugnis	räuchern
läuten	der Raum	das Kreuz	häufig
rauchen	erfreulich	die Kräuter	aufräumen
das Kraut	die Kreuzung	der Haufen	der Wiederkäuer
blau	seufzen	Erneuerung	der Seufzer

Auf einen kurz gesprochenen Selbstlaut (Vokal) folgt oft ein doppelter Mitlaut (Konsonant).

Pfe**ff**er, Te**ll**er, Zi**mm**er, Do**nn**er, do**pp**elt, kna**rr**en,

Schlo**ss**, kle**tt**ern

Willst du das Wort trennen, dann trenne es in der Mitte des doppelten Mitlauts:

A**f**-**f**e, fü**l**-**l**en, ko**m**-**m**en, Ka**n**-**n**e, schle**p**-**p**en, Dü**r**-**r**e,

Wa**s**-**s**er, Pla**t**-**t**e

Was gehört in die Lücken?
Vervollständige die Wörter: ff, ll, mm, nn, pp, rr, ss oder tt?

So_____er	Su_____e	Bri_____e	e_____en
ho_____en	schnu_____en	gewi_____en	Be_____
Tre_____ung	Pa_____	Ku_____	fe_____

Finde die Reimwörter.

Mutter	Puppe	nennen
B _____	S _____	tr _____
K _____	Gr _____	br _____
F _____	Tr _____	r _____
Tanne	schnurren	Ritter
W _____	kn _____	Spl _____
K _____	g _____	G _____
P _____	m _____	b _____

ck und **tz** stehen nach einem kurz gesprochenen Selbstlaut, niemals nach einem Mitlaut.

La**ck**, Schne**ck**e, Sto**ck**, du**ck**en   Ka**tz**e, si**tz**en, fe**tz**ig, Schmu**tz**

k oder **z** stehen ...
... nach einem lang gesprochenen Selbstlaut: La**k**en, Bre**z**el
... nach einem Mitlaut: **Nach l, m, n, r, das merke ja, steht nie tz und nie ck:** schlan**k**, Gur**k**e, Ran**z**en, Ker**z**e
... oft nach einer **un**betonten Silbe: Pa**k**et, Se**k**unde, Scho**k**olade, spa**z**ieren (die Betonung liegt auf der unterstrichenen Silbe; vergleiche: Pa**k**et – Pä**ck**chen, Scho**k**olade – Scho**ck**, spa**z**ieren – Spa**tz**)

Ergänze k oder ck.

Lu____e, Fa____el, Ra____ete, ba____en,
ni____en, di____, na____t, Wer____,
Bir____e, dan____en, ti____en, ul____ig

Ergänze z oder tz.

Bli____, Re____ept, Me____ger, Pil____e,
Matra____e, Pfü____e, verdu____t, Wi____,
nü____en, Wan____e, War____e, Ta____e

Welche Wörter stehen in der Wörterschlange?
Schreibe sie gemäß der Tabelle unten in dein Heft.

ZICKEWELKENREZEPTSATZZUCKERHERZFACKELSTARKHECKESALZ
DANKENHITZEZULETZTKROKODILSITZENWECKENTANZEN
SCHMUCKTANKENBANKDUTZENDBALKENBÄCKERWACKELN
PAKETPÄCKCHENPAUKEN

k	ck	z	tz
	Zicke		

Der **s-Laut** wird im Hochdeutschen unterschiedlich gesprochen:

- **stimmhaft** (weich):

  am Wortanfang → **S**onne, **S**ilbe, **s**ieben

  im Silbenbeginn
  - ... zwischen Selbstlauten → Ha**s**e, Be**s**uch, Ro**s**e, ge**s**und, Spei**s**e, Brau**s**e
  - ... nach stimmhaften Mitlauten vor Selbstlauten → Am**s**el, lang**s**am, Häl**s**e

  ! **Der stimmhafte s-Laut wird immer als s geschrieben!**

- **stimmlos** (scharf):

  Im Silbenauslaut (Silben-Ende) ist der s-Laut immer stimmlos: Hau**s**, Krei**s**, Bewei**s**, la**s**-**s**en, scheu**ß**-lich, Fu**ß**

  ! **Folgt der stimmlose s-Laut einem kurz gesprochenen Selbstlaut, wird er durch ss wiedergegeben:** Ta**ss**e, kü**ss**en

  Nach einem langen Selbstlaut oder einem Doppellaut wird der **stimmlose s-Laut oft durch ß wiedergegeben:** Fü**ß**e, Sträu**ß**e

Wie heißen die Purzelwörter? Schreibe sie auf die Linien.

p S ß a

l ss F u

n R e s a

ei ß f g i l

s e l n e

ei s R e

ß d e n r au

ss n m e ü

Setze s, ss oder ß ein.

sau____en, Kla____e, Gru____, Sto____, Nu____, e____en,

Pau____e, Kä____e, ha____en, gie____en, schlie____lich,

Lö____ung, Wie____e, Wi____en, Ki____en, Grie____, Rei____

Wörter mit b, d, g als Auslaut

Am Wortende hören sich b, d, g wie p, t, k an.
Wenn du das Wort verlängerst, kannst du b, d und g hören.

Bilde die Mehrzahl:	der Sta**b**	→	die Stä**b**e
	das Ra**d**	→	die Rä**d**er
	der Zu**g**	→	die Zü**g**e
Verlängere:	tau**b**	→	die tau**b**e Frau
	run**d**	→	der run**d**e Ball
	klu**g**	→	das klu**g**e Mädchen

Setze ein: d oder t?

Klei___, Freun___, Bro___, Wal___,
Zei___, lau___, Wan___, Ban___,
bun___, Fun___, Wir___, er wir___,
Han___, Elefan___

Setze ein: g oder k?

Ta___, Musi___, Techni___,
Ber___, We___, Vol___,
Bur___, Schla___, Fin___

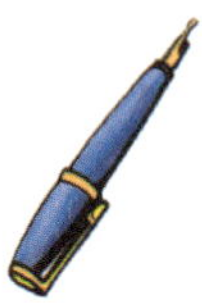

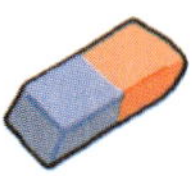

Reicht der Platz am Zeilenende für ein vollständiges Wort nicht aus, kannst du das Wort in Silben teilen.

Haben Wörter einen Mitlaut in der Wortmitte, trennst du vor dem Mitlaut. Der Mitlaut kommt auf die nächste Zeile:
Bru-**d**er, sa-**g**en, hö-**r**en, le-**s**en, Au-**t**o

ch, ck, sch und ß gelten jeweils als ein einziger Laut.
Du trennst auch hier vor diesem Laut:
Bü-**ch**er, Schne-**ck**e, Ta-**sch**e, Stra-**ß**e

An welchen Stellen kannst du das Wort trennen?
Ziehe farbige Striche.

Regen	Tafel	Polizei	Papagei
Tomate	Schuhe	fragen	Bogenschießen
Dusche	tauschen	rauchen	Krokodil
Muschel	Badehose	Kanone	Schaukelpferd

Schreibe die Wörter so in dein Heft:

2 Silben	3 Silben	4 Silben
Re – gen		

Silbentrennung

Folgen mehrere Mitlaute in einem Wort aufeinander, **so wird der letzte auf die neue Zeile geschrieben:**
El-tern, Lam-pe, On-kel, Fin-ger, ber-gen,
dun-kel (aber: dunk-ler)

Wörter mit **pf, sp, st, tz werden jeweils zwischen diesen Mitlauten getrennt:**
Trop-fen, lis-peln, Hus-ten, kit-zeln

Setze die Silben zu Wörtern zusammen und schreibe sie auf.

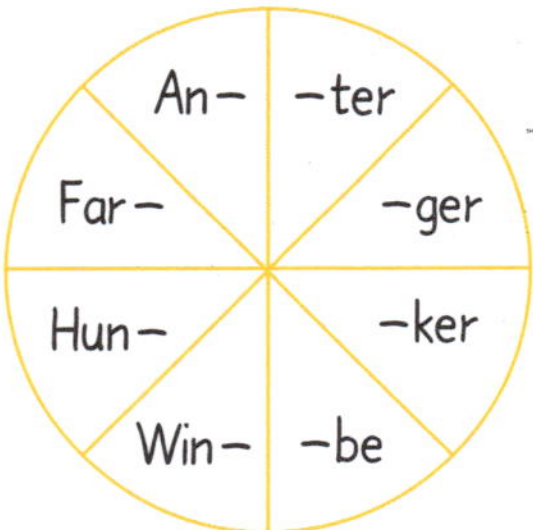

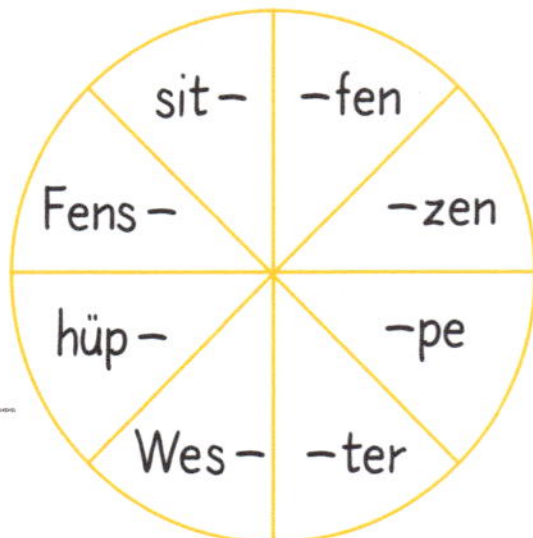

Schreibe mit Trennungen in dein Heft:

helfen, Hemden, Mütze, sitzen, kosten, Ostern, stopfen, trinken, Bilder, klopfen, fangen, Weste, Fratze, basteln, Dinge, Kante

Einen doppelten Mitlaut trennst du in der Mitte:
Ro**b**-**b**e, tre**f**-**f**en, Ba**g**-**g**er, be**l**-**l**en, Tro**m**-**m**el, Ta**n**-**n**e, Schu**p**-**p**en, Ba**r**-**r**en, fe**s**-**s**eln, Wa**t**-**t**e

Wie heißen die Wörter? Schreibe mit Trennungen in dein Heft:

Ku	tt	ern
zi		en
re		ern
blä		e

flü	ss	er
Wa		er
kü		en
Fä		ig

Pfa	nn	en
i		en
do		ern
bre		e

Tra	pp	e
Wi		er
Tre		eln
ho		e

Zusammengesetzte Wörter trennst du nach ihren **Sprechsilben**:
Mitt-woch, See-pferd-chen, Fuß-ball-tor, Schreib-tisch

Am Anfang eines Wortes können (notfalls) einzelne Selbstlaute abgetrennt werden:
U-fer, A-bend, E-sel, O-fen

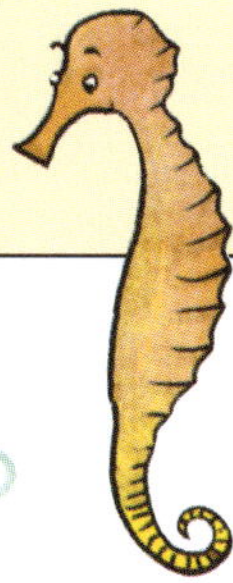

Trenne durch farbige Striche.

Abenteuer	Igel	Brennholz	Hausflur
Rundgang	Sonntag	Uhu	Butterbrot
Sandsturm	Tankzug	Notausgang	Riesenrad

Satzzeichen helfen, einen Satz zu gliedern. Sie erleichtern es dem Leser, Sinneinheiten besser zu erfassen.

Am Satzende kann eines der folgenden Satzzeichen stehen:

Punkt . Der Punkt beendet einen Aussagesatz.
Katinka spielt Tennis.

Fragezeichen ? Das Fragezeichen beendet eine Frage.
Magst du Gummibärchen?

Ausrufezeichen ! Nach einer Aufforderung oder einem Ausruf steht ein Ausrufezeichen.
Setz dich sofort! Pass auf! Hilfe, es brennt!

Nach diesen Satzschlusszeichen wird groß weitergeschrieben.

Setze die fehlenden Zeichen am Satzende ein.

Juchhu, bald sind Ferien

Hast du den Computer ausgeschaltet

Jana spielt in ihrem Baumhaus

Mathias, räum endlich das Spiel auf

Der Zug fährt langsam in den Bahnhof ein

Sind deine Hände auch so kalt

Werden **mehrere gleichrangige Wörter aufgezählt**, so trennst du sie durch ein Komma voneinander. Achtung: Vor *und* oder *oder* steht jedoch kein Komma!

Madeleine kauft Äpfel, Birnen, Orangen *und* Bananen.
Timo hat Klavier gespielt, gebadet, gelesen *und* gefaulenzt.

Ein Komma trennt eine **Anrede** oder einen **Ausruf** vom Satz ab.

Nele, hast du Durst? Aua, jetzt habe ich mich geschnitten!
Mann, kannst du nicht aufpassen?

Setze die fehlenden Kommas ein.

- Im Zoo haben wir Affen Löwen Elefanten und sogar Krokodile gesehen.
- Marion Anna Moritz Katrin und Johannes sind schon zur Falknerei gelaufen.
- Nächsten Sonntag gehen wir ins Kino auf den Spielplatz oder ins Schwimmbad.
- Oma kaufst du mir ein Eis?
- Hej der Seehund spritzt mich ganz nass!
- Du gib mir mal schnell den Fotoapparat!

Zeichensetzung: Komma

Das Komma trennt **zwei vollständige Hauptsätze**, die keinen Satzteil gemeinsam haben.

Mama gießt die Blumen, Papa mäht den Rasen, Nena spielt.

Wenn zwei Sätze mit *und* oder *oder* verbunden sind, kann auf das Komma verzichtet werden.

Mama gießt die Blumen(,) und Papa mäht den Rasen.

Zwischen Haupt- und Nebensatz steht ein Komma.
Nebensätze können durch Bindewörter eingeleitet werden, z. B. *weil, da, wenn, aber, dass, als …*

Unser Deutschlehrer verspätet sich, *weil* er den Bus verpasst hat.
Max spielt mit mir, *wenn* er seine Hausaufgaben gemacht hat.
Die Hose, *die ich im Schaufenster gesehen habe*, ist Klasse.

Bilde vollständige Sätze.
Schreibe sie in dein Heft und setze die Kommas.
Augen auf!
Bei zwei Sätzen musst du je zwei Kommas setzen!

Die Fans hoffen	weil das Auto ihrer Mutter kaputt ist.
Meine neue Hose ist schön aber zu lang	falls du Hunger hast.
Lydia fährt mit dem Bus zum Kino	dass ihre Nationalmannschaft die Fußball-WM gewinnt.
Es war schon dunkel	das Victoria mir geschenkt hat ist fabelhaft.
Nimm dir ein Stück Pizza	obwohl ich doch so groß bin.
Das Buch	als wir von der Radtour nach Hause kamen.

Am Anfang und am Ende der wörtlichen Rede stehen **Anführungszeichen**: „ ... "

Vor der wörtlichen Rede kann ein Begleitsatz stehen. Dieser endet mit einem **Doppelpunkt**; danach schreibst du groß weiter.
Antje sagt: „Im Sommer fahren wir ans Meer."

Der Begleitsatz kann auch nach der wörtlichen Rede stehen. Er wird durch ein Komma von der wörtlichen Rede getrennt.

Ist die wörtliche Rede ein Aussagesatz, entfällt der Punkt am Ende der wörtlichen Rede.
„Im Sommer fahren wir ans Meer", sagt Antje.

Fragezeichen und Ausrufezeichen am Ende der wörtlichen Rede bleiben erhalten.
„Fahrt ihr im Sommer ans Meer?", fragt Axel.
„Oh ja, da fahre ich mit!", ruft Nina begeistert.

Schreibe das Gespräch mit Begleitsatz und Satzzeichen in dein Heft.

Kevin: Aua mein Arm

Lehrer: Was ist denn passiert

Kevin: Max hat mich gestoßen

Max: Kevin hat meinen Füller versteckt

Lehrer: Setzt euch Ich finde dass euer Verhalten nicht okay ist
Was könnt ihr tun damit so etwas nicht mehr passiert

Beispiel: Kevin jammert: „Aua, mein Arm!"

So übst du Diktate

1\. Lies den Text aufmerksam durch und denke über den Inhalt nach.

2\. Schreibe nicht einfach drauflos. Denke über schwierige Wörter nach, z. B.: Ist es ein Namenwort oder ein Eigenschaftswort oder ein Zeitwort? Wird der Selbstlaut lang oder kurz gesprochen?

3\. Schreibe den Text ab. Gehe so vor:

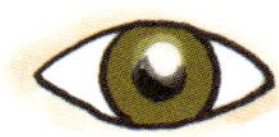

- Schau dir einen Satz oder Abschnitt genau an.
- Merke dir schwierige Stellen.
- Verdecke den Satz. Schreibe ihn auswendig auf.
- Vergleiche und verbessere sofort.

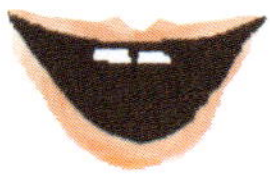

4\. Lass dir den Text von jemandem diktieren (Eltern, Großeltern, Geschwister, Freund oder Freundin ...).

5\. Hast du einen Kassettenrekorder? Dann sprich deinen Diktattext auf Band – deutlich und langsam. Mach nach jedem Satz eine Pause. Spule die Kassette zurück und drücke auf den Wiedergabeknopf. Hör dir die Sprecheinheit an, drücke die Pausetaste und schreibe den Textteil auf usw. So kannst du dir selbst das ganze Diktat diktieren.

6\. Übe kurz, aber regelmäßig: täglich ca. 10–15 Minuten.

Zauberer Fridolin baut einen Kompass

Fridolin sucht sich ein Stück Pappe und schneidet einen Kreis aus. Er nimmt aus seinem riesigen Baukasten einen dünnen Nagel und eine Magnetnadel.
Dann trägt der kleine Zauberer auf dem kreisförmigen Pappestück im Uhrzeigersinn die Himmelsrichtungen ein: Bei 12 Uhr schreibt er ein großes N für Norden, bei 3 Uhr ein O für Osten, bei 6 Uhr ein S für Süden und bei 9 Uhr ein W für Westen. Fridolin verwendet dazu seine neuen Farbstifte.
Nun steckt er den Nagel durch die Mitte des Kartons.
Die Magnetnadel legt er danach auf die Nagelspitze.
Simsalabim, fertig! Gut gemacht!
Der Zauberer ist stolz auf seinen Kompass.

Die Radfahrerprüfung

Müde warten die Schüler und Schülerinnen draußen auf dem Hof.
Die schriftliche Prüfung haben sie schon bewältigt.
Nun sollen sie die Verkehrsregeln ohne Fehler anwenden.
Der Polizist hat eine Fahrstrecke vorbereitet.
An welcher Stelle werden die Verkehrszeichen stehen?
Ob alle Mädchen und Jungen richtig abbiegen werden?
Hoffentlich ist wenig Verkehr an der Kreuzung,
die sie überqueren müssen.
Gerade fahren die ersten Jugendlichen los. Sie brauchen nicht zu hetzen. Die anderen warten, bis sie zurückkehren.
Am Ende der Fahrt sagen die Kinder: „Ihr braucht keine Angst zu haben. Diese Prüfung ist nicht schlimm. Die schafft jeder von uns – garantiert!"

Namenwörter (Nomen)/Einzahl & Mehrzahl

Namenwörter (Nomen) sind Namen für **Lebewesen, Dinge, Gedanken** und **Gefühle**. **Namenwörter werden großgeschrieben.** Man kann ihnen einen bestimmten *(der, die, das)* oder unbestimmten *(ein, eine, ein)* **Begleiter** voranstellen (siehe Seite 5).

Namenwörter stehen in der **Einzahl** (Singular) oder **Mehrzahl** (Plural). In der Mehrzahl heißt der Begleiter immer *die*.

	männlich (Maskulinum)		*weiblich (Femininum)*		*sächlich (Neutrum)*	
bestimmter Begleiter	der		die		das	
Einzahl		Zweig		Erbse		Blatt
unbestimmter Begleiter	ein		eine		ein	
Mehrzahl	die	Zweige	die	Erbsen	die	Blätter

Schreibe die Mehrzahl auf die Linien.

die Nacht ______________________

der Strand ______________________

das Ei ______________________

das Hemd ______________________

der Flügel ______________________

der Tag ______________________

der Atlas ______________________

Überlege: Wie steht es mit der Einzahl oder Mehrzahl dieser Begriffe?

Leute, Ferien, Obst, Hitze

Die vier Fälle/Beugung von Namenwörtern

Namenwörter verändern sich (sie werden „gebeugt" oder „dekliniert"), je nach ihrer Funktion im Satz.
Im Deutschen kennen wir vier dieser Veränderungen: die vier Fälle.

1. Fall **Nominativ** **Werfall**	*der Zauberer* *die Fee* *das Gespenst*	Auf die Frage **Wer oder was?** steht das Namenwort im Werfall.
2. Fall **Genitiv** **Wessenfall**	*des Zauberers* *der Fee* *des Gespenst(e)s*	Auf die Frage **Wessen?** steht das Namenwort im Wessenfall.
3. Fall **Dativ** **Wemfall**	*dem Zauberer* *der Fee* *dem Gespenst*	Auf die Frage **Wem?** steht das Namenwort im Wemfall.
4. Fall **Akkusativ** **Wenfall**	*den Zauberer* *die Fee* *das Gespenst*	Auf die Frage **Wen oder was?** steht das Namenwort im Wenfall.

Die vier Fälle

Durch Fragen findest du heraus, in welchem Fall das Namenwort steht:

Der Tiger lebt in einem Käfig.
Wer oder was *lebt in einem Käfig?*
→ **der Tiger** 1. Fall/Nominativ

Die Zähne des Tigers blitzen gefährlich.
Wessen *Zähne blitzen gefährlich?*
→ die Zähne **des Tigers** 2. Fall/Genitiv

Der Tierpfleger bringt dem Tiger das Futter.
Wem *bringt der Tierpfleger das Futter?*
→ **dem Tiger** 3. Fall/Dativ

Zwei Kinder beobachten den Tiger.
Wen oder was *beobachten die Kinder?*
→ **den Tiger** 4. Fall/Akkusativ

Hier fehlt jeweils die richtige Form von „der Baum". Setze sie ein.

____________________ steht vor dem Haus.

Die Blätter ____________________ sind herbstlich gefärbt.

Kathi gibt ____________________ im Sommer Wasser.

Großvater hat ____________________ vor 50 Jahren gepflanzt.

Bestimme den Fall des gelb markierten Namenworts. Frage danach.

Martina hilft dem Lehrer. *Fall:* __________

Frage: ____________________

Die Schule beginnt um 7.45 Uhr *Fall:* __________

Frage: ____________________

Der Ranzen des Schülers ist schwer. *Fall:* __________

Frage: ____________________

Der Lehrer Herr Schulz holt Kreide. *Fall:* __________

Frage: ____________________

In der Pause spielen die Kinder. *Fall:* __________

Frage: ____________________

Drei Schüler der Klasse haben eine Eins. *Fall:* __________

Frage: ____________________

Persönliche Fürwörter (Personalpronomen)

Fürwörter sind kleine Wörter, die du für Namenwörter einsetzen kannst. **Fürwörter können Namenwörter vertreten und werden kleingeschrieben.**

Persönliche Fürwörter stehen für eine Person, aber auch für Tiere, Pflanzen und Dinge.
Wie die Namenwörter können persönliche Fürwörter in den vier Fällen vorkommen. Du kannst sie mit *Wer oder was?*, *Wessen?*, *Wem?*, *Wen oder was?* erfragen.

		1. Fall	2. Fall	3. Fall	4. Fall
Einzahl (Singular)	1. Person	ich	meiner	mir	mich
	2. Person	du	deiner	dir	dich
	3. Person männlich	er	seiner	ihm	ihn
	weiblich	sie	ihrer	ihr	sie
	sächlich	es	seiner	ihm	es
Mehrzahl (Plural)	1. Person	wir	unser	uns	uns
	2. Person	ihr	euer	euch	euch
	3. Person	sie	ihrer	ihnen	sie

Olaf liest viel. ***Er*** liest am liebsten Abenteuergeschichten.
*Timo, Selina und **ich*** gehen ins Kino. ***Wir*** lieben Filme.

Dido schenkt ***ihm*** ein Eis. Franzi flößt ***euch*** Hustensaft ein.

Hast du ***dich*** erholt? Der Porschefahrer holt ***uns*** ein.

Setze die richtigen Fürwörter anstelle der Namenwörter ein.

_______ finden _______ atemberaubend.
Zirkusfreunde — *den Löwen*

_______ macht _______ Spaß.
Der Seiltänzerin — *das Balancieren*

_______ trägt _______ .
Der Clown — *ein Kostüm*

_______ hat _______ geärgert.
Der Affe — *die Elefanten*

Besitzanzeigende Fürwörter (Possessivpronomen)

Besitzanzeigende Fürwörter kommen meist als Begleiter eines Namenworts vor. Sie drücken eine Zugehörigkeit aus.

mein, dein, sein, ihr, sein, unser, euer, ihr	} *Hund, Vater, CD-Player ... Huhn, Glück, Knie ...*
meine, deine, seine, ihre, seine, unsere, eure, ihre	} *Katze, Freude, Villa ...*

Setze besitzanzeigende Fürwörter in die Lücken ein.

Ein wichtiges Spiel

Jonas sucht ____________ Tennisschläger. Mit ____________ Team hat er ein wichtiges Punktespiel. „Ich suche ____________ Schläger!“, ruft er Philip zu. „Ist das ____________ oder ____________?“ – „Das ist ____________“, antwortet Philip. „Beeil dich, ____________ Spiel beginnt!“ Julia bietet Jonas ____________ Schläger an. Schon fordert der Trainer die Jungen auf zu kommen. „Habt ihr ____________ Sachen dabei?“

Zusammengesetzte Namenwörter

Ein Namenwort kann man mit einem anderen Namenwort, einem Zeitwort oder Eigenschaftswort zusammensetzen.
Das erste Wort (**Bestimmungswort**) bestimmt dann das zweite Wort (**Grundwort**) genauer.
Der Begleiter richtet sich nach dem Grundwort.
Zusammengesetzte Namenwörter werden großgeschrieben.

Namenwort + Namenwort (Nomen + Nomen)

der Bagger	+	der See	→	der Baggersee
der Schnee	+	der Ball	→	der Schneeball
Bestimmungswort		*Grundwort*		

Bilde zusammengesetzte Namenwörter, indem du die Bilder „liest".

Pflanzenbuch

Zeitwort + Namenwort (Verb + Nomen)

reisen	+	der Koffer	→	der Reisekoffer
fahren	+	die Schule	→	die Fahrschule
schlafen	+	die Mütze	→	die Schlafmütze

Welches Zeitwort passt zu welchem Namenwort?
Bilde zusammengesetzte Namenwörter. Schreibe sie in dein Heft.

lesen	das Rad
kochen	das Pferd
schaukeln	die Brille
lenken	der Topf
waschen	die Nadel
stricken	die Maschine

Eigenschaftswort + Namenwort (Adjektiv + Nomen)

bunt	+	der Specht	→	der Buntspecht
klein	+	das Kind	→	das Kleinkind
weiß	+	der Wein	→	der Weißwein

Welches Eigenschaftswort passt zu welchem Namenwort?
Bilde zusammengesetzte Namenwörter. Schreibe sie in dein Heft.

alt	das Metall
grün	die Luft
groß	der Sinn
froh	das Papier
edel	das Maul
warm	das Futter

Verschiedene Dinge können eine Gruppe bilden, die einen gemeinsamen Oberbegriff oder Sammelnamen hat.
Sammelnamen fassen mehrere Namenwörter zusammen.

Rose, Tulpe, Nelke, Gänseblümchen, Lilie, Freesie ... → ***Blumen***

Zeichne eine Tabelle. Ordne die Begriffe richtig ein:

Kleidung	Werkzeug	Backwaren	Schmuck	Gemüse

Rock, Torte, Karotte, Ehering, Hammer, Zange, Weißbrot, Brosche, Halskette, Zwiebel, Tomate, Säge, Pullover, Schraubenzieher, Hose, Brezel, Armband, Rotkohl, Bohrmaschine, Kuchen, Mantel, Ohrring, Paprika, Hemd, Mohnbrötchen

Zeitwörter mit ähnlicher Bedeutung bilden ein Wortfeld.
Wörter aus einem Wortfeld sind „Ersatzwörter" mit ähnlicher oder gleicher Bedeutung.

→ ***Wortfeld „sagen":***
fluchen, brüllen, erwidern, vorschlagen, jubeln, seufzen, bemerken, antworten, rufen, flüstern, fragen ...

Nutze die Vielfalt der Wörter innerhalb der Wortfelder! Vermeide es, immer dasselbe Wort zu verwenden! Ersetze „sagen" durch andere Verben des Wortfeldes.

„Endlich Ferien!", sagt Miriam.
„Wurde auch Zeit", sagt Nina.
„Die Tests waren anstrengend", sagt Udo.
„Wollen wir heute Nachmittag ins Kino?", sagt Uli.
„Gute Idee!", sagt Susi.
„Wir könnten uns um 14.30 Uhr am Eingang treffen", sagt Tim.
„Abgemacht!", sagen alle begeistert.

Wörter bilden Familien. Die Mitglieder einer Wortfamilie haben alle **denselben Wortstamm**.
Beachte: Manchmal wird dabei ein Selbstlaut zum Umlaut.

→ ***Wortfamilie „fahren":***
*Fahrer, Fahrzeug, Gef**ä**hrt, F**ä**hre, Fahrt, Überfahrt ...; fahrtüchtig, fahrbereit ...; ausfahren, umfahren ...*

Streiche alle Wörter durch, die nicht zur Wortfamilie „schreiben" gehören.

abschreiben	Schreibschrift	Überschrift	Heft
Anschrift	unterschreiben	Kugelschreiber	Schreibunterlage
schriftlich	schreien	Schraube	Schrift
Stift	Schere	reiben	Schrei

Zeitwörter (Tunwörter, Verben)

Zeitwörter sagen uns, **was jemand tut** oder **was geschieht**.
Zeitwörter werden kleingeschrieben.

Johanna *malt*. Sarah *hüpft* im Schnee. Wicki *mag* Gemüse.
Es *regnet*. Der Sturm *fegt* durch die Straßen.

Zeitwörter verändern sich (sie werden „gebeugt" oder „konjugiert"). Manchmal verändert sich nicht nur die Endung, sondern auch der Selbstlaut im Wortstamm.

Grundform (Infinitiv):	*backen*	
Wortstamm:	*back-*	
Personalformen:	*ich back**e***	*wir back**en***
	*du b**ä**ck**st***	*ihr back**t***
	*er, sie, es b**ä**ck**t***	*sie back**en***

Vervollständige die Tabelle. Schreibe die Wortendungen in Rot.

		tragen	tanzen
Einzahl (Singular)	1. Person	ich trage	
	2. Person	du trägst	du tanzt (nicht tanzst!)
	3. Person		
Mehrzahl (Plural)	1. Person		
	2. Person		
	3. Person		

Setze die passende Personalform des Zeitworts ein.

Brigitta ______________ für ihre Mutti einen Strohstern.
basteln

Oma ______________ für Tom eine Pudelmütze.
stricken

Anouschka und Jeremy ______________ Plätzchen.
backen

„Ich ______________ Papa beim Aufstellen des Christbaums",
helfen

ruft Natascha und ______________ durch die Küche.
stürmen

„Tim und Ute, ihr ______________ den Weihnachtsbaum!"
schmücken

In der Schule ______________ wir ein Bild der Krippe.
malen

lesen	essen	halten
	er isst	

Zeitwörter sagen, **wann etwas geschieht**.

Gegenwart (Präsens)

Geschieht etwas jetzt – oder **ist etwas immer so** –, verwendet man die Zeitform Gegenwart.

Ich *spiele* Schach. Die Sonne *geht* im Osten auf.

Setze die passenden Verben in der Gegenwart ein:
kaufen, faulenzen, spielen, liegen, schwimmen, tauchen, suchen

Milan ______________ im Wasser.

Moni ______________ unter und ______________ nach Muscheln.

„Ich ______________ mir jetzt ein Eis", sagt Sonja.

Luca und Marie ______________ Volleyball am Strand.

Mama ______________ unterm Sonnenschirm und ______________.

Zukunft (Futur)

Wir verwenden diese Zeitform, **wenn etwas später, in der Zukunft geschehen wird**.
Sie wird mit dem Hilfszeitwort ***werden*** und dem ***Infinitiv*** eines Zeitworts gebildet.

Ich *werde* einen Bauernhof *besuchen*. Tatjana *wird* als Pianistin *auftreten*. Valentin und Sven *werden* nach Brüssel *reisen*.

Susan ist 5 Jahre alt und träumt davon, bald in die Schule zu kommen. Forme die folgenden Sätze um, so wie Susan sie erzählen könnte. Schreibe in dein Heft.

Ich gehe in die Grundschule. In Mathe rechne ich bis 1 Million.
In Diktaten mache ich nur wenig Fehler. Oft schreibe ich spannende Aufsätze. Der Musikunterricht macht mir am meisten Spaß.
Auch der Sachunterricht interessiert mich sehr.

Zeitformen der Vergangenheit

Geschah etwas früher, dann steht das Zeitwort in der Vergangenheit. Es gibt verschiedene Vergangenheitsformen:

1. Vergangenheit → Präteritum oder **Imperfekt**
Das Ereignis ist vorbei. Wir verwenden diese Form hauptsächlich beim Schreiben.
Manche Zeitwörter verändern in der 1. Vergangenheit ihren Wortstamm; man nennt sie **starke** Zeitwörter.

g**e**hen → du *g**i**ngst*   l**e**sen → sie *l**a**s*   sch**a**ffen → er *sch**u**f*

Andere Zeitwörter bilden die 1. Vergangenheit durch Anhängen von ***-te***; man nennt sie **schwache** Zeitwörter.

lachen → wir *lach**ten***   spielen → du *spiel**test***   träumen → ich *träum**te***

2. Vergangenheit → Perfekt
Das Ereignis ist soeben geschehen. Diese Form gebrauchen wir hauptsächlich beim Erzählen.
Die 2. Vergangenheit wird mit den Hilfsverben ***haben*** oder ***sein*** und dem ***Partizip Perfekt*** eines Zeitworts gebildet.

Frederik *hat* Klavier *gespielt*. Ich *bin aufgewacht*. Frauke und Lena *haben* einen Schneemann *gebaut*. Du *hast gekocht*.

Vorvergangenheit → Plusquamperfekt
Das Ereignis ist längst vergangen, inzwischen haben andere Ereignisse stattgefunden.
Die Vorvergangenheit wird mit der Vergangenheit der Hilfsverben ***haben*** oder ***sein*** und dem ***Partizip Perfekt*** eines Zeitworts gebildet.

Opa *hatte* ein Haus *gebaut* (bevor er nach Bayern auswanderte).
Florian *war* nach Schweden *gezogen* (und ging dort zur Schule).

Fülle die Felder mit den Zeitformen aus. Achte auf die Personalform.

Grundform	sagen	
Präsens	ich sage	du sagst
Imperfekt/ Präteritum	ich	du
Perfekt		du hast gesagt
Plusquamperfekt		
Futur		

Grundform	schlafen	denken
Präsens	er	wir
Imperfekt/ Präteritum	er	wir
Perfekt		
Plusquamperfekt		
Futur		

Zeitwörter und ihre Vorsilben (Präfixe)

Vorsilben geben Wörtern einen anderen Sinn.

springen – *auf*springen – *zer*springen – *ab*springen – *um*springen

ab-	an-	auf-
aus-	be-	daher-
dran-	durch-	ein-
ent-	entgegen-	er-
	fehl-	her-
gehen	herab-	heraus-
	herein-	hin-
	hinein-	hinter-
los-	mit-	nach-
um-	über-	ver-
vor-	voraus-	weg-
zer-	zu-	zurück-

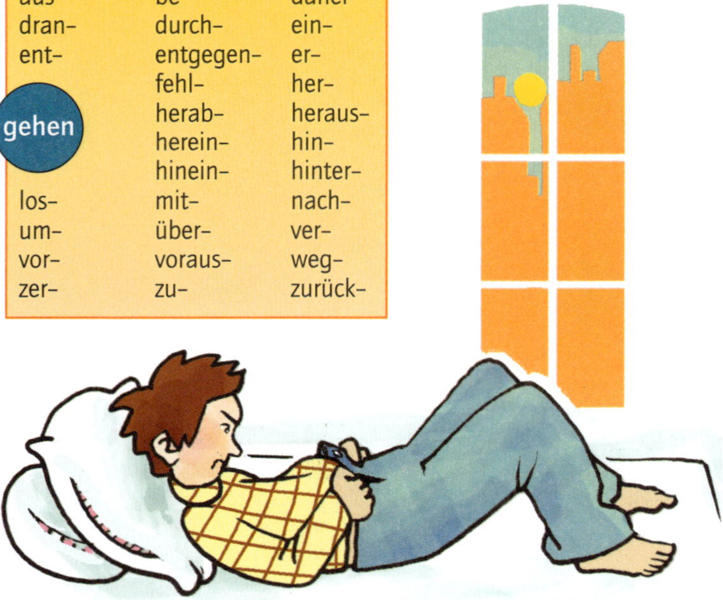

Setze sinnvolle Zeitwörter mit -gehen ein.

Heute Abend wollen Papa und Mama ____________________.

Ein Nichtschwimmer wird im Meer ____________________.

Ein Hefeteig muss in der Wärme ____________________.

Pu und Ingo treffen sich. Pu wird Ingo ____________________.

Der Reißverschluss klemmt. Er will nicht ____________________.

Der Wanderführer wird den anderen ____________________.

Eigenschaftswörter beschreiben, **wie Menschen, Tieren, Pflanzen und Dinge sind. Eigenschaftswörter werden kleingeschrieben.**

Der Rennwagen ist *rot, fantastisch* und *schnell*.

Eigenschaftswörter verändern ihre Form, wenn sie zu einem Namenwort gehören.

Der *rot**e***, *fantastisch**e*** und *schnell**e*** Rennwagen fährt ins Ziel.

Ein Eigenschaftswort kann auch angeben, **wie eine Tätigkeit durchgeführt wird**. Man nennt es dann ***Adverb***.

Der Rennwagen fährt *schnell* ins Ziel. Der Wecker klingelt *schrill*.

Setze das richtige Eigenschaftswort ein:
weiß, gelb, spitz, heiß, reich, grün

Der Tee ist ______ .	→ der	heiße	Tee
Die Nadel ist ______ .	→ die	______	Nadel
Schnee ist ______ .	→ der	______	Schnee
Millionäre sind ______ .	→ die	______	Millionäre
Der Salat ist ______ .	→ der	______	Salat
Die Banane ist ______ .	→ die	______	Banane

Steigerung von Eigenschaftswörtern

Eigenschaftswörter lassen sich steigern:

Grundstufe	1. Vergleichsstufe (Höherstufe, Komparativ)	2. Vergleichsstufe (Höchststufe, Superlativ)
groß	größer	am größten
reich	reicher	am reichsten
klug	klüger	am klügsten

Vergleiche mit ***wie***. Setze ein: stark, schnell, schlau, rot, weiß.

- Mein Papa ist *so stark wie* ein Bär.
- Die Haut von Schneewittchen ist ______________ Schnee und die Lippen sind ______________ Blut.
- Felix ist ______________ ein Fuchs.
- Nina rennt fast ______________ ein Gepard.

Vergleiche mit ***als***. Setze ein: dick, süß, kalt, alt.

- Ein Elefant ist *dicker als* ein Pferd.
- Honig ist ______________ Milch.
- Oma ist ______________ Mama.
- In der Antarktis ist es ______________ in Spanien.

Wie heißen die Steigerungsformen?

gut → ______________

viel → ______________

Zahlwörter geben eine Anzahl an. In Texten werden sie anstelle einer Zahl verwendet. Man erfragt sie mit: *Wie viel? Wie viele?*

bestimmte Zahlwörter (= genaue Menge):
zwei, siebzehn, hundert, doppelt, achtmal ...

unbestimmte Zahlwörter (= ungefähre Menge):
viele, wenige, alle, die meisten, etwas, nichts ...

Zahlwörter werden kleingeschrieben.

Unterstreiche die bestimmten Zahlwörter mit Rot, die unbestimmten mit Blau.

siebzehn	fünfmal	einunddreißig	dreifach
acht	zahlreiche	alle	elf
viel	tausend	zweieinhalb	wenig

Schreibe als Zahlwörter:

Verhältniswörter (Präpositionen)

Verhältniswörter stehen immer *vor* anderen Wörtern, z. B. vor Namenwörtern. Sie helfen, einen Ort oder eine Zeit näher zu bestimmen.
in, vor, hinter, auf, unter, neben ...

Kater Schnurr macht *unter* dem Tisch ein Nickerchen.
Der Affe legt die Banane *auf* die Kiste.
Der Vogel begann *gegen* Morgen zu singen.

Setze Namenwörter, Begleiter und Verhältniswörter in der richtigen Form ein. Unterstreiche das Verhältniswort mit Rotstift.

Tanja steht ______________________________ .

______________ springt ______________________ Reifen.

______________ taucht ______________________ bunten Ringen.

Chris schwimmt ______________________ Eva.

______________ macht eine Bombe ______________________ Wasser.

Ein Verhältniswort und ein nachfolgender Begleiter können miteinander verschmelzen:

an das	→	ans	bei dem	→	beim	zu dem	→	zum
an dem	→	am	in das	→	ins	zu der	→	zur
auf das	→	aufs	in dem	→	im			

Aussagesätze erzählen uns etwas; sie sagen etwas aus.
Sie enden mit einem *Punkt*.

Sonnige Tage sind herrlich. Jakob zündet das Feuer an.

Schreibe zu diesem Bild fünf Aussagesätze.
Mache die Punkte am Satzende rot.

Mit **Fragesätzen** erfragen wir etwas. Sie enden mit einem *Fragezeichen*. Viele Fragen kannst du an einem Fragewort erkennen: *Wer? Wie? Wo? Warum? Wann? Wohin?*

Kommt heute ein guter Film? Wie weit ist der Weg nach Paris?

Setze aus den Satzteilen (links und rechts) sinnvolle Sätze zusammen.
Schreibe in dein Heft. Mache das Fragezeichen am Satzende orange.

Haben wir	mit mir tanzen?
Wann kommen endlich	die Holzkohle?
Wo steht	schon vorbereitet?
Hast du den Salat	genug Orangensaft?
Möchtest du	die Gäste?

Satzarten: Ausrufesatz und Aufforderungssatz

Ausrufesätze enthalten einen Ausruf.
Sie enden mit einem Ausrufezeichen.

Hurra, jetzt sind Ferien! Oh, wie schön! Aua, mein Daumen!

Schreibe die Ausrufe ab und setze ein rotes Ausrufezeichen dahinter.

Hilfe, Hilfe
Ach, du liebe Güte
Halt, stehen bleiben
Toll gemacht
Mann, hast du ein Glück
Oh weh, mein Geld ist weg

Mit **Aufforderungssätzen** äußert jemand eine Bitte, einen Wunsch, eine Aufforderung oder einen Befehl.
Sie enden mit einem Ausrufezeichen.

Ein Auto kommt, bleib stehen! Gib mir bitte den Schlüssel!

Suche die Aufforderungssätze heraus. Unterstreiche sie und setze ein rotes Ausrufezeichen dahinter.

Zapple nicht dauernd herum
Hast du mich gerufen
Paul überquert die Straße
Ich geh jetzt einkaufen
Hör auf, in der Nase zu bohren
Sei leise
Hilf mir bitte
Wo steckst du eigentlich
Gib mir bitte ein Stück Zucker
Hej, beeil dich

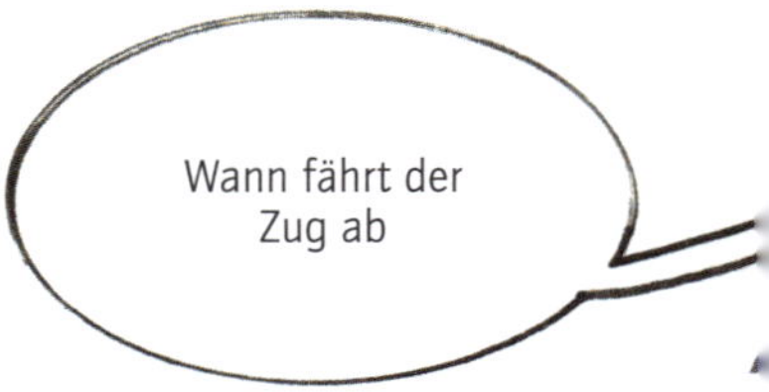

Setze die fehlenden Satzschlusszeichen in die Sprechblasen.

Umstellen von Satzgliedern

Bilde aus den durcheinander geratenen Satzteilen einen sinnvollen Satz.

besuchen	Lilly und Amelie	im Zirkus	Onkel August

Sätze bestehen aus einzelnen Wörtern. Sie müssen jedoch sinnvoll zusammengestellt werden.

Lilly und Amelie	besuchen	Onkel August	im Zirkus

Stelle nun den Satz um, beginne so:

(Den) Onkel August ______________________________ .

Besuchen ______________________________ ?

Im Zirkus ______________________________ .

> Man kann nicht alle Wörter vertauschen. Bestimmte Wörter gehören fest zusammen. Sie bilden einen Satzteil, den man **Satzglied** nennt. Beim Umstellen der Satzglieder bleibt der Sinn des Satzes erhalten.

Umrahme die einzelnen Satzteile mit verschiedenen Farben. Stelle jeden Satz dann so oft wie möglich um. Formuliere auch Fragen.

- Onkel August spielt mit seinem Affen im Garten.
- Auf der Wiese steht ein Elefant.
- Onkel August feiert mit Lilly und Amelie in seinem Wohnwagen seinen 50. Geburtstag.

Jeder Satz hat mindestens zwei Satzglieder:

Der Hund träumt.

Satzgegenstand (Subjekt) **Satzaussage (Prädikat)**

Der Satzgegenstand sagt, wer etwas tut.
Du fragst nach dem Satzgegenstand mit: *Wer oder was?*

Der Satzgegenstand ist ein *Namenwort*, oft mit einem Artikel. Es muss *nicht* am Satzanfang stehen; denke an die Umstellung der Satzglieder (siehe Seite 58).

Die Katze sitzt am Fenster.
Wer oder was sitzt am Fenster? → die Katze

Heute spielen die Jungen im Hof.
Wer oder was spielt im Hof? → die Jungen

Als Subjekt kann auch ein *Fürwort (Pronomen)* dienen.

Er liest die Zeitung.
Wer liest die Zeitung? → er

Satzgegenstand (Subjekt)

Frage nach dem Satzgegenstand.
Schreibe die Frage und die Antwort in dein Heft.

Der Ritter legt seine Rüstung an.
Die Burgherrin zieht ein schönes Kleid an.
Sie frisiert sich.
Im Stall sattelt der Knappe das Pferd.
Seit Stunden bereitet die Köchin das Festessen vor.
Die Kinder spielen im Burghof mit goldenen Kugeln.

Unterstreiche das Subjekt in den folgenden Sätzen rot.

Der berühmte Ritter Kuno hat zu einem Turnier eingeladen. Viele Ritter sind erschienen. Auch die Knappen sind dabei. Sie helfen ihren Herren beim Anziehen. Auch kümmern sie sich um die Pferde. Alle warten gespannt auf den „Schwarzen Ritter". Er hat schon oft gesiegt. Nach dem Turnier findet ein Festmahl statt. Darauf freuen sich auch schon die Kinder.

Die Satzaussage sagt, was das Subjekt tut.
Sie antwortet auf die Frage: *Was tut jemand?*

Die Satzaussage ist ein *Zeitwort*.

Die Katze sitzt am Fenster.
Was tut die Katze? → sitzen / (sie) sitzt

Heute spielen die Jungen im Hof.
Was tun die Jungen? → spielen / (sie) spielen

Er liest die Zeitung.
Was tut er? → lesen / (er) liest

Ergänze die Satzaussage. Setze richtig ein:
klopfen, hext, gibt, fliegt, sitzt, haben, zeigt, verlaufen

Die Hexe Xenia ______________ auf ihrem Besen.

Sie ______________ jeden Tag.

Der Rabe Rudi ______________ auf ihrer Schulter.

Zwei Kinder ______________ an der Tür.

Sie ______________ sich ______________.

Die Hexe Xenia ______________ ihnen Limo und Kuchen.

Dann ______________ sie ihnen den Weg nach Hause.

Zweiteilige Satzaussage

Besteht die Satzaussage (Prädikat) aus einem zusammengesetzten Zeitwort, so wird das Zeitwort oft in seine beiden Teile zerlegt. Die Vorsilbe rückt an das Satzende.

aufmachen → Das Monster **macht** die Tür **auf**.

Setze das Prädikat richtig ein.

Mama ist heute nicht zu Hause. Sie hat für mich notiert, was ich alles erledigen soll:

- Schreibe so in dein Heft:

  Ich leere den Mülleimer aus.
  Ich ...

- Welches Prädikat ist nicht zweiteilig?

Die meisten Sätze bestehen aus mehreren Satzgliedern.
Die Satzergänzungen nennt man auch **Objekte**.

Wem-Ergänzung (Dativ-Objekt)

Lukas schreibt seinem Freund eine E-Mail.
Wem schreibt Lukas eine E-Mail? → seinem Freund

Wen/Was-Ergänzung (Akkusativ-Objekt)

Lukas schreibt eine E-Mail.
Wen oder was schreibt Lukas? → eine E-Mail

Frage nach dem Akkusativ-Objekt und unterstreiche es in dem Satz.

Jana bestellt im Versandhaus zwei Hosen und ein Shirt.

.... ?

Herr Müller kauft einen schicken Gebrauchtwagen.

.... ?

Frage nach dem Dativ-Objekt und unterstreiche es in dem Satz.

Die Firma schickt Lara und Benjamin kostenlos ein paar CDs.

.... ?

Nach Bezahlung gehören die Bücher dem Kunden.

.... ?

Unterstreiche die Wen-Ergänzung (Akkusativ-Objekt) blau, die Wem-Ergänzung (Dativ-Objekt) violett.

Der Bauer gibt den Küken Futter.
Wem? *Wen oder was?*

Die Bäuerin bringt den Hühnern Körner.

Pia erntet Erdbeeren.

André schenkt die Pilze seinem Nachbarn.

Der Tierarzt hilft dem verletzten Pferd.

Die Magd serviert der Familie das Mittagessen.

Der Pferdepfleger reicht dem Reiter das Zaumzeug.

Der Schäfer schenkt dem Bauern ein Schaf.

Die Köchin kocht dem kranken Stallburschen eine Suppe.

Satzglieder, die den Ort angeben, nennt man Ortsangaben.
Du fragst danach mit: *Wo?, Wohin?* oder *Woher?*

Robert fährt zum Flughafen.
Wohin fährt Robert? → zum Flughafen

Der Kopilot ist im Cockpit.
Wo ist der Kopilot? → im Cockpit

Die Flugbegleiterin kommt aus Tokio.
Woher kommt die Flugbegleiterin? → aus Tokio

Bestimme die Ortsangabe. Frage danach und unterstreiche sie.

Die Geschäftsfrau und ihr Begleiter fliegen nach Italien.

____?

Mit dem Taxi lassen sie sich zum Flughafen bringen.

____?

An einem Schalter geben sie ihr Gepäck ab.

____?

Gerade kommt eine Maschine aus Paris an.

____?

Die Dame und der Herr müssen in der Abflughalle warten.

____?

Aus dem Lautsprecher kommt die Durchsage:

____?

„Alle Passagiere an Bord!"

____?

Zeitangaben (Adverbiale der Zeit)

Satzglieder, die die Zeit angeben, nennt man Zeitangaben.
Du erfragst sie mit: *Wann?*, *Wie lange?*, *Wie oft?* oder *Seit wann?*

Der Kapitän geht um 9 Uhr an Bord.
Wann geht der Kapitän an Bord? → um 9 Uhr

Die Kreuzfahrt dauert 10 Tage.
Wie lange dauert die Kreuzfahrt? → 10 Tage

Unterstreiche die Zeitangaben gelb.
Überlege: Wie erfragst du sie? Wie lautet die Antwort?

Um 14.30 Uhr legt das Rhein-Schiff ab.

Die Fahrt dauert insgesamt zwei Stunden.

Schon seit Tagen freut sich Max auf die Schifffahrt.

Vor der Abfahrt lässt der Kapitän dreimal hupen.

In der Nacht träumt Max von diesem tollen Tag.

Unterstreiche die Ortsangaben braun
und die Zeitangaben gelb.

Mara wohnt seit drei Jahren in Frankfurt.

Mit dem Zug will sie nach Bremen fahren.

Der IC fährt um 9.20 Uhr auf Gleis 5 ab.

Leider hat er 20 Minuten Verspätung.

Nach 30 Minuten sitzt sie endlich im Abteil.

Sie muss zweimal umsteigen.

Bestimmung (Adverbiale) der Art und Weise

Satzglieder, die angeben, wie etwas gemacht wird,
nennt man Bestimmung (oder Angabe) der Art und Weise.
Du erfragst sie mit: *Wie?, Womit?, Wodurch?, Auf welche Weise?*

Der Trainer schlägt mit der Faust auf den Tisch.
Womit schlägt der Trainer auf den Tisch? → mit der Faust

Der Torwart rennt geistesgegenwärtig nach vorn.
Wie rennt der Torwart nach vorn? → geistesgegenwärtig

Markiere die Angaben der Art und Weise.

Der Verteidiger steht nervös am Spielfeldrand.
Geschickt umspielt der Stürmer seinen Gegner.
Mit einem Elfmeter erzielt der Fußballstar ein Tor.
Der Schiedsrichter bricht durch einen Pfiff das Spiel ab.
Voller Begeisterung feiern die Fans den Sieg ihrer Mannschaft.
Der Torwart des gegnerischen Teams sieht enttäuscht aus.

Satzglieder, die angeben, warum etwas gemacht wird, nennt man Bestimmung (oder Angabe) des Grundes.
Du erfragst sie mit: *Warum?*, *Wozu?* oder *Weshalb?*

Wegen seiner Erkältung konnte das Gespenst nicht spuken.
Warum konnte das Gespenst nicht spuken?
→ wegen seiner Erkältung

Zum Schutz vor Stechmücken hängt ein Moskitonetz über dem Bett des Gespensts.
Wozu hängt ein Moskitonetz über dem Bett des Gespensts?
→ zum Schutz vor Stechmücken

Unterstreiche in jedem Satz die Bestimmung des Grundes.

- Das kleine Gespenst konnte wegen einer starken Stauballergie nur im Freien schlafen.

- Zur Strafe darf die älteste Gespensterdame 999 000 Nächte nicht mehr spuken.

- Aus Angst vor Spinnen versteckt sich das Baby-Gespenst im Schrank.

- Laurenz, der Gespenstervater, verschließt das schwere Burgtor zum Schutz vor Einbrechern.

- Vor lauter Wut trat der Chef der Gruselgeister gegen die Tür.

Bestimme die Satzglieder.

Die Fastnachtsnarren veranstalten prachtvolle Umzüge.

Die Fastnachtsnarren ....

veranstalten ....

prachtvolle Umzüge ....

Die Hexe konnte den Umzug wegen Halsweh nicht mitmachen.

Die Hexe ....

konnte nicht mitmachen ....

den Umzug ....

wegen Halsweh ....

Tagsüber tanzten an jeder Straßenecke fröhliche Monster.

Tagsüber ....

tanzten ....

an jeder Straßenecke ....

fröhliche Monster ....

Langsam ziehen die verkleideten Menschen in Richtung Rathaus.

Langsam ....

ziehen ....

die verkleideten Menschen ....

in Richtung Rathaus ....

Aufsatzgliederung: Einleitung – Hauptteil – Schluss

Denke beim Schreiben eines Aufsatzes an die **Überschrift** am Anfang. Sie muss den Leser neugierig machen. Sie sollte kurz sein und nicht die Pointe der Handlung verraten.

Erzählungen bestehen aus drei Teilen:

1. In der **Einleitung** führst du *kurz* in die Geschichte ein.
2. Im **Hauptteil** erzählst du auf den *Höhepunkt* hin. Baue *Spannung* auf!

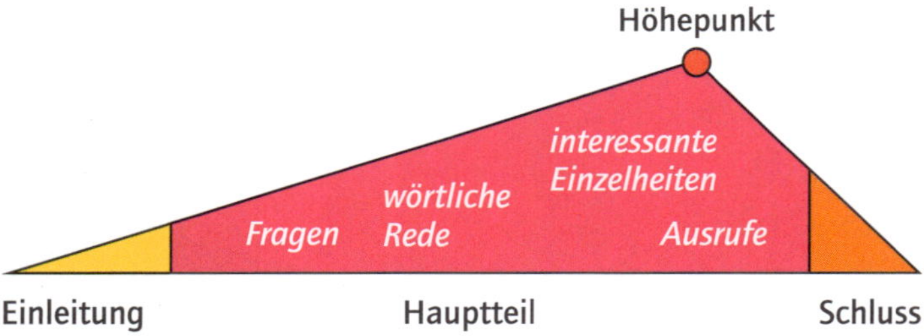

3. Der *kurze* **Schluss** muss inhaltlich zur Geschichte passen und sie *abrunden*.

Heute musste Julia alleine von der Turnstunde nach Hause gehen. Mama hatte starke Zahnschmerzen und war beim Zahnarzt.
Julia zog sich schnell um, packte ihren Turnbeutel und machte sich auf den Heimweg. Es wurde schon dunkel.
„Wäre ich doch schon daheim!", dachte Julia bei sich.
Plötzlich hörte sie ein Rascheln hinter sich. Einen Moment lang blieb sie still stehen und lauschte. Nichts zu hören!
Eilig lief sie weiter. Da – schon wieder dieses Rascheln! Es wurde immer lauter.
Ihre Freundin Theresa kam aus dem Gebüsch hervor und sprach: „Hier, deine Turnschuhe, du hast sie vergessen einzupacken."
„Danke!", seufzte Julia erleichtert und rannte den restlichen Weg nach Hause.

- Rahme ein: Einleitung gelb, Hauptteil pink, Schluss orange. 
- In welchem Teil hättest du gerne mehr erfahren?
- Kreuze an: Was fehlt in dem zu knapp geratenen Teil der Erzählung?

☐ Satzschlusszeichen ☐ Höhepunkt ☐ Schluss

- Kreuze an, was du in diesem Aufsatzteil gerne erfahren hättest:

☐ Hatte Julia Angst?
☐ Was dachte Julia bei sich?
☐ Versuchte Julia Hilfe zu holen?
☐ Schrie Julia laut?
☐ Wie machte sich Julia Mut?
☐ Sah sie sich schon in den Händen eines Räubers?

- Erfinde selbst eine passende Überschrift.
- Erzähle den fehlenden Höhepunkt.

Die Traumhexe

Die Hexe kommt langsam zum Vorschein und springt auf sein Bett. Plötzlich redet sie ihn mit piepsiger Stimme an: „Komm mit mir in die Hexenwelt und erlebe mit mir schaurige Abenteuer!"
Auf einmal wird Felix klein wie eine Maus. Schnell verschwindet er in einem winzigen Loch und sitzt plötzlich auf einem Stuhl. Vor ihm steht ein Tisch, der mit Gummispinnen beklebt ist.
Die kleine Hexe fragt ihn: „Hast du Hunger?"
„Oh ja, mir knurrt der Magen!", antwortet Felix.
Die Hexe geht in die Küche und beginnt zu kochen. Zwei Minuten später kommt sie mit einem Topf zurück, in dem es brodelt.
„Was gibt es Leckeres?", will Felix wissen.
„Ein Festtagsessen", schwärmt die Hexe, „nämlich Spinnenbeinsuppe mit Blutsoße und Froscheiern!"
Felix murmelt: „Ach, eigentlich habe ich gar keinen Appetit mehr."
Da fährt ihn die Hexe an: „Ich habe mir so viel Mühe gegeben – na warte, dir gebe ich's!"
Felix zuckt zusammen. Er hört ein bekanntes Geräusch: Es klingt wie sein Wecker.

- Kreuze an, welche Teile des Aufsatzes fehlen.

  ☐ Einleitung ☐ Hauptteil ☐ Schluss

- Wurde wörtliche Rede benutzt? Wenn ja, markiere sie gelb.
- Unterstreiche das erste Wort bzw. Satzglied jedes Satzes in Rot.
- Wie viele Fragen enthält die Geschichte? ____________
- Wie viele Ausrufe oder Aufforderungssätze zählst du? ____________
- In welcher Person wurde die Geschichte geschrieben:
  - in der 1. Person (Ich-Form: ich gehe ...)? ☐
  - in der 3. Person (Er/sie-Form: er (sie) geht ...)? ☐
- Ergänze die fehlende Einleitung in der 3. Person (Er-Form). Sie sollte nicht länger als zwei bis drei Sätze sein.
- Schreibe auch den fehlenden Schluss. Er sollte nicht länger als die Einleitung sein.

Folgende **Regeln** musst du beim Schreiben von Nacherzählungen beachten:

- Erzähle in der richtigen Reihenfolge.
- Erfinde keine neuen Einzelheiten dazu.
- Schreibe in der Vergangenheit, am besten im Präteritum (Imperfekt).
- Wähle treffende Zeitwörter (Verben) und ausschmückende Eigenschaftswörter (Adjektive).
- Vergiss nicht die wörtliche Rede.
- Vermeide Wiederholungen.
- Achte auf unterschiedliche Satzanfänge und Stellungen der Satzglieder.

Mona besucht mit ihrer Freundin Carmen den Zirkus Carmelli. Begeistert schaut sie der Pferdedressur zu. Auch die Vorstellung der Trapezkünstler gefällt ihr gut.
In der Pause kauft sich Mona am Eiswagen ein Himbeereis. Mit der Eistüte in der Hand dreht sie sich um. Sie will zurück ins Zelt zu ihrer Freundin. Aber was ist das?
Ein riesiger Löwe steht vor ihr! Mona zittert und bringt vor Schreck kein Wort heraus. Tränen stehen ihr in den Augen.
Doch da nimmt der Löwe seinen Tierkopf ab. Ein freundlicher Mann kommt zum Vorschein und grinst Mona an.
Erleichtert ruft sie: „Na, Sie haben mich ganz schön erschreckt!"
Lachend geht Mona zu Carmen ins Zelt zurück.

Beantworte die Fragen zu der Zirkus-Geschichte auf Seite 74.
Schreibe die Antworten in dein Heft.

Wer sind die Hauptpersonen?
Wo spielt die Geschichte?
Wann findet das alles statt?
Was oder *warum* wird etwas getan?

Welche Stichwörter gehören zu der Geschichte? Markiere sie, ohne noch einmal den Text auf Seite 74 zu lesen.

schreien	Wurst kaufen	Clown anschauen
angrinsen	Zirkus besuchen	Tränen in den Augen
erschrecken	zum Platz gehen	zitternd dastehen
Eis kaufen	Zirkusdirektor rufen	Löwenkopf abnehmen

Nummeriere nun die markierten Wörter in der richtigen Reihenfolge.

Schreibe eine Nacherzählung der Zirkus-Geschichte in dein Heft.
Finde eine passende Überschrift.

Auch **Fabeln** kannst du nacherzählen.
Fabeln sind Geschichten, die von Tieren erzählen. Diese Tiere handeln wie Menschen und besitzen menschliche Eigenschaften. In Fabeln können sie auch sprechen.

Lies die Fabel und schreibe eine Nacherzählung dazu.
Überlege: Welche **Lehre** enthält diese Fabel?

Der Löwe und die Maus
Ein Löwe schlief in seiner Höhle. Um ihn herum spielte eine Schar lustiger Mäuse. Da lief ihm eine Maus versehentlich über seine Tatze. Der Löwe wachte auf, packte sie und wollte sie fressen.
Die Maus sprach: „Ach, lass mich doch laufen! Ich wollte dich nicht ärgern. Was kann dir mein Tod schon nützen? Schenke mir das Leben und ich werde dir immer dankbar sein!"
„Dann lauf nur!", sagte der Löwe großmütig und ließ das Mäuschen springen. Bei sich dachte er belustigt: „Das möchte ich sehen, wie ein Mäuschen sich einem Löwen dankbar zeigen könnte!"
Einige Tage später verfing sich der Löwe in einem Netz, das Jäger heimlich ausgelegt hatten. Je wütender der Löwe um sich schlug, umso mehr zog es sich zusammen. Da brüllte der Löwe laut in seiner Not.
Die Maus hörte das Gebrüll des Löwen und eilte zu ihm.
Sie zernagte das Netz und befreite so den mächtigen Löwen.

(nach Äsop)

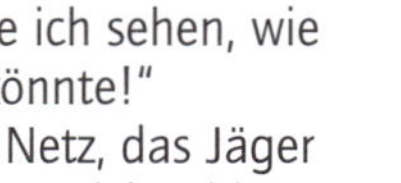

Beachte beim Erzählen einer Bildergeschichte folgende **Regeln**:

- Wähle eine passende Überschrift, die neugierig macht.
- Erzähle Einzelheiten in der richtigen Reihenfolge.
  Erzähle auch Dinge, die nicht auf den Bildern zu sehen sind, z. B. die Einleitung.
- Baue Spannung auf, die im Höhepunkt gipfelt.
- Lass die Personen sprechen (wörtliche Rede).
- Wähle abwechslungsreiche Verben und ausdrucksvolle Adjektive.
- Erzähle in einer Zeitform. Auf dem Höhepunkt der Geschichte kannst du die Zeit wechseln. Bsp.: Geschichte in der 1. Vergangenheit (Präteritum, Imperfekt), Höhepunkt in der Gegenwart (Präsens); kehre nach dem Höhepunkt zur 1. Vergangenheit zurück.
- Vermeide Wiederholungen.
- Finde einen passenden Schluss zu deiner Geschichte.

Betrachte das Bild. Beschreibe, was die Jungen und Mädchen tun. 

Bildergeschichte

Beschreibe die einzelnen Bilder: Was siehst du?
Die Beschreibung ist dein Gerüst für die Geschichte.
Nun stell dir vor, was *zwischen* den einzelnen Bildern geschehen könnte, und mache kleine Zeichnungen in dein Heft.
Erzähle nun die ganze Geschichte. Schreibe sie in dein Heft.

Nicht alles, was geschieht, ist auf den Bildern zu sehen. Du musst deine Fantasie spielen lassen, die „Lücken" zwischen den Bildern ausfüllen und das Fehlende aufschreiben. Dann erhältst du eine vollständige Geschichte. Vergiss nicht die Gefühle der Figuren. Erzähle die Bildergeschichte und schreibe sie in dein Heft.

Folgende **Regeln** musst du beim Verfassen einer Erlebniserzählung beachten:

- Gestalte die Einleitung kurz.
- Erzähle im Hauptteil nur ein einziges Erlebnis.
- Achte auf den Spannungsbogen. Erzähle auf den Höhepunkt zu.
- Verwende treffende Zeitwörter (Verben) und schmückende Eigenschaftswörter (Adjektive).
- Durch wörtliche Rede wird dein Aufsatz lebendiger.
- Schreibe zunächst in der 1. Vergangenheit (Präteritum, Imperfekt). Wechsle nur auf dem Höhepunkt die Erzählzeit (Gegenwart/Präsens), um die Spannung zu steigern. Kehre dann wieder zur 1. Vergangenheit zurück.
- Achte auf die erzählende Person. Gebrauche entweder die Ich-Form (1. Person) oder die Er/sie-Form (3. Person). Diese Form musst du in der ganzen Geschichte durchhalten.
- Gestalte einen knappen Schluss, der die Geschichte abrundet.

Jemand wollte erzählen, was Tobias mit dem Ruderboot erlebt hat. Allerdings vermischt er seine Geschichte mit einer anderen. Unterstreiche die Sätze, die nicht zu Tobias' Erlebnis passen.

Tobias und sein Freund Kim hatten sich zum Ruderbootfahren am Baggersee verabredet. Froh gelaunt mieteten sich die beiden Jungen ein Boot und ruderten auf den See hinaus. Dort machten sie eine Pause und sonnten sich. Rahel packte einen Picknick-Rucksack für ihre Schwester Lea und dann zogen sie los. Lea nahm ihren Ball mit. Nach einiger Zeit sagte Tobias: „So, nun rudere ich mal wieder ein Stück!" Am Baggersee angekommen, machten die beiden Mädchen zuerst ein Picknick und danach begannen sie Ball zu spielen. „Nein, ich bin jetzt dran!", erwiderte Kim. „Das ist gemein!", schimpfte Tobias, „du durftest viel länger rudern als ich!" „Hallo, Rahel!", rief da jemand. Es war Rahels Freundin Rosa, die gerade mit dem Rad vorbeikam. „Du lügst!", schrie Kim und stupste Tobias. Dieser ließ sich das nicht gefallen und stupste zurück. Sie blieb stehen und sprach mit Rahel. Lea wartete, aber bald wurde es ihr langweilig. Im Nu gab es eine Rangelei, aber die beiden Streithähne wollten nicht aufhören. Das Boot wackelte bedenklich. Also nahm sie ihren Ball und kickte hin und her. Und schon war es passiert – das Boot kenterte und die beiden Jungen fielen ins Wasser. Noch ein kräftiger Schuss – und der Ball landete im Wasser. Schimpfend schwammen sie zurück zum Ufer und informierten den Bootsverleiher. Der half ihnen, das gekenterte Boot zurückzuholen. „Na, ihr beiden, das wird euch eine Lehre sein!", meinte er lachend.

Erlebniserzählung

Lies den Aufsatz auf Seite 81 noch einmal durch. Eigentlich wäre er gut gelungen, wenn nicht zwei Ereignisse miteinander vermischt worden wären. Damit dir das nicht passiert, solltest du vor dem Schreiben einer Erlebniserzählung einige **Stichpunkte** notieren, die den Verlauf deiner Geschichte festhalten.

Kreuze die Stichpunkte, die zu Tobias' Abenteuer gehören, rot an. Die Stichpunkte, die zu Rahels Erlebnis gehören, kreuzt du blau an.

		rot	blau
	Boot kentert	☐	
	Boot mieten	☐	
	Rahel spricht mit Rosa	☐	
	Jungen fallen ins Wasser	☐	
	Rahel und Lea spielen Ball	☐	
	auf dem See rudern	☐	
	Rahel trifft eine Freundin	☐	
	Streit, wer rudern darf	☐	
	Rangelei	☐	
	Leas Ball fällt ins Wasser	☐	
	Bootsverleiher hilft	☐	
	beide schwimmen an Land	☐	
	Rahel packt Picknick-Rucksack	☐	

Bringe die Stichpunkte beider Erzählungen in die richtige Reihenfolge. Nummeriere von 1 bis ...

Suche dir ein Thema aus, zu dem du eine Erlebniserzählung schreiben möchtest:

- Eine unheimliche Nacht im Freien
- Ein lustiges Tiererlebnis
- Eine gelungene Faschingsparty

Beachte beim Erzählen deiner Reizwortgeschichte folgende **Regeln**:

- Wähle eine passende Überschrift, die nicht zu viel von deiner Geschichte verrät.
- Alle drei Reizwörter musst du in der Geschichte benutzen. Die Reihenfolge der Reizwörter wählst du selbst.
- Erzähle ausführlich und in allen interessanten Einzelheiten.
- Verwende Frage- und Ausrufesätze.
- Benutze die wörtliche Rede.
- Erzähle in einer Zeit, am besten in der 1. Vergangenheit (Präteritum, Imperfekt). Auf dem Höhepunkt der Geschichte kannst du die Zeit wechseln (siehe Seite 80).

Hier hast du drei Reizwörter:

Schwimmbad
Angeber
5-Meter-Sprungturm

- Überlege:

- Wann soll die Geschichte spielen?
- Wo soll das Ereignis stattfinden?
- Soll es eine lustige, traurige, schaurige, nachdenkliche Geschichte werden?
- Soll die Geschichte wirklichkeitsnah oder fantastisch werden?
- Wer sind die Hauptpersonen?

- Schreibe nun Stichpunkte für die Geschichte auf.
- Verfasse jetzt eine Reizwortgeschichte.

Reizwortgeschichte

In den Sommerferien durfte ich zum ersten Mal mit den Pfadfindern wegfahren. Unsere Zelte stellten wir in der Nähe eines Flusses auf. Auch ein großes Schlauchboot hatte unser Gruppenführer mitgebracht. Am nächsten Morgen pumpten wir es auf, packten belegte Brote ein - und los ging es. Mittags suchten wir uns ein schönes Plätzchen und machten ein Picknick.

„So, auf der Rückfahrt mache ich ein Mittagsschläfchen", kündigte ich an, als ich ins Schlauchboot stieg. Meinen Kopf legte ich auf den Rucksack und schlief bald ein.

Plötzlich wurde ich unsanft geweckt.

„Hej, guck doch mal, das Boot verliert Luft!", schrie mein Freund Julius. „Genau auf der Seite, auf der du liegst!"

„Du spinnst!", antwortete ich. „Vielleicht sind wir ja über einen spitzen Stein gefahren."

Unser Gruppenführer Lars untersuchte das Boot. „Da sind lauter winzige Löcher drin, genau an der Stelle, an der du gelegen hast. Schau mal in deinen Rucksack!"

Ich untersuchte mein Gepäck. „Oh nein, meine Mutter hat mir Nähzeug eingepackt! Eine Nadel ist herausgefallen und hat die Löcher verursacht. Es tut mir schrecklich Leid! Ob wir das wieder flicken können?"

Während wir überlegten, hielt eine Gruppe von Radfahrern am Ufer. Wir schilderten unser Problem. Zum Glück hatten sie Flickzeug dabei. Damit konnten wir die Löcher im Schlauchboot zukleben. Erleichtert traten wir den Heimweg an.

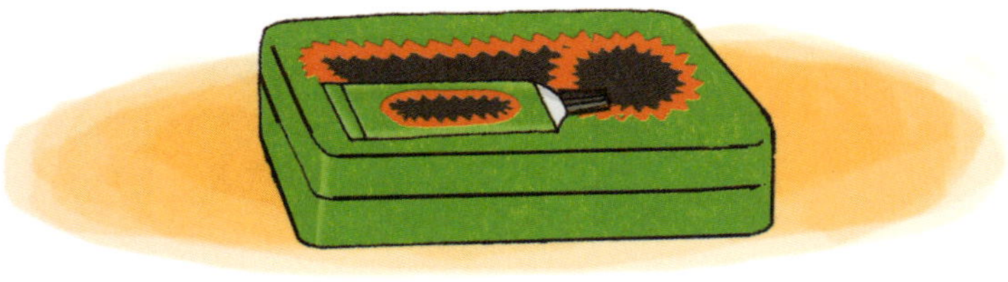

Welche Wörter kommen in der Geschichte vor? Und welche dieser Wörter könntest du dir als Reizwörter der Geschichte vorstellen? Markiere sie.

Sommerferien	Hut	Nadel	Nagel
Ruderboot	Schatz	Ball	Reifen
Schlauchboot	Fahrrad	Ufer	Rucksack
Zelt	Luft		

Folgende **Regeln** musst du beim Erzählen deiner Reizwortgeschichte beachten:

- Suche eine passende Überschrift.
- Erzähle nur ein einziges Erlebnis, und zwar in der richtigen Reihenfolge und mit allen interessanten Einzelheiten.
- Erzähle spannend.
- Benutze die wörtliche Rede.
- Verwende treffende Namenwörter (Nomen), Zeitwörter (Verben) und Eigenschaftswörter (Adjektive).
- Vermeide Wiederholungen.
- Achte auf unterschiedliche Satzanfänge.
- Erzähle in einer einzigen Zeitform.

Eine zauberhafte Ballonfahrt

Magnus lag im Bett und konnte nicht einschlafen. Plötzlich sah er einen hellen Schein im Zimmer. Er rieb sich die Augen und erschrak. Vor seinem Bett stand ein Mann mit Zylinder und einem Stab – natürlich, das war ein Zauberer!
„Guten Abend, Magnus", sagte dieser höflich. „Du kannst nicht einschlafen? Möchtest du mich auf einer Ballonfahrt begleiten?"
Magnus zögerte, aber dann siegte die Neugier.
„Ja, ich komme mit", antwortete er.
Der Ballon stand vor Magnus' Fenster. Sie stiegen ein und flogen los.
„Wie klein die Häuser von hier oben aussehen", staunte Magnus.
Die Fahrt machte ihm großen Spaß.
„Hoppla!", rief der Zauberer. Aus dem Nichts tauchte unerwartet eine Kirchturmspitze auf.
„Das könnte knapp werden!", rief Magnus ängstlich. Und schon blieb der Ballon an der Kirchturmspitze hängen.
Zschsch... Die Luft entwich.
„Hilfe, was machen wir denn jetzt?", jammerte Magnus.
„Keine Sorge, junger Freund", beruhigte ihn der Zauberer lächelnd.
Er murmelte etwas – und beide saßen auf einem fliegenden Teppich.
„Für jedes Problem gibt es eine Lösung", meinte der Zauberer schmunzelnd.
„Da ..., da unten sehe ich meine Schule", stotterte Magnus aufgeregt.
»Puh, ich muss ja morgen früh zur Schule gehen", fiel es ihm siedend heiß ein.

 Denke dir einen Schluss für diese Geschichte aus und schreibe ihn in dein Heft.

- Schreibe einen eigenen Aufsatz zum Thema „Verzaubert".
  Wähle aus: In was könnte die Hauptfigur verzaubert werden?
  - Tier: Dinosaurier
  - Gegenstand: Segelboot
  - Pflanze: Liane (Urwald)
  - Mensch: Pirat/Piratin

- Diese Fantasiegeschichte könnte so gegliedert sein:
  Einleitung: Wie ich verzaubert wurde
  Hauptteil: Ein spannendes Erlebnis als verzaubertes Wesen
  Schluss: Rückkehr in die Wirklichkeit

- Suche dir ein Thema aus, zu dem dir eine spannende Fantasiegeschichte einfällt:
  - Im Schlaraffenland
  - Was ich erlebte, als ich ein Gespenst war
  - Auf dem Dachboden fand ich einen Tarnmantel
  - Als ich für einen Tag Till Eulenspiegel war
  - Mit der Zeitmaschine in die Zukunft: Mein Treffen mit einem Marsmenschen
  - In der Nacht erwachte ich und sah einen hellen Schein. Ich stand auf, und nachdem sich meine Augen an das Licht gewöhnt hatten, erblickte ich eine Fee. Sie sprach: „Komm mit mir in das Land der Zauberer und Feen!"

Grammatische Begriffe

Begriff:

• Begleiter	Artikel
• Namenwort, Hauptwort	Nomen, Substantiv
• 1. Fall: Werfall	Nominativ
2. Fall: Wessenfall	Genitiv
3. Fall: Wemfall	Dativ
4. Fall: Wenfall	Akkusativ
• Einzahl	Singular
Mehrzahl	Plural
• Fürwort, Stellvertreter	Pronomen
• Eigenschaftswort, Wiewort	Adjektiv
• Steigerung:	
Grundstufe	Positiv
Höherstufe, 1. Vergleichsstufe	Komparativ
Höchststufe, 2. Vergleichsstufe	Superlativ
• Zeitwort, Tunwort	Verb
• Grundform des Zeitwortes	Infinitiv
• Personalform des Zeitwortes, gebeugte Form	finite Form (Konjugation)
• Gegenwart	Präsens
1. Vergangenheit	Präteritum, Imperfekt
2. Vergangenheit	Perfekt
3. Vergangenheit	Plusquamperfekt
Zukunft	Futur
• Mittelwort	Partizip
• Zahlwort	Numerale
• Verhältniswort	Präposition
• Bindewort	Konjunktion
• Selbstlaut	Vokal
Mitlaut	Konsonant
Umlaut	
Doppellaut	Diphthong
• Satzgegenstand	Subjekt
Satzaussage (Satzkern)	Prädikat
Satzergänzung	Objekt
– Wem-Ergänzung	Dativ-Objekt
– Wen/Was-Ergänzung	Akkusativ-Objekt
Umstandsbestimmung	Adverbial
	Adverbial des Ortes
	Adverbial der Zeit
	Adverbial des Grundes
	Adverbial der Art und Weise

Beispiele:

der, die, das; ein, eine, ein

Landwirt, Sängerin, Dinosaurier, Apfelbaum, Computer, Liebe

der Biber	die Amsel	das Boot
des Bibers	der Amsel	des Boot(e)s
dem Biber	der Amsel	dem Boot
den Biber	die Amsel	das Boot

der/ein See	die/eine Kuh	das/ein Schaf
die Seen	die Kühe	die Schafe

ich, du, er, sie, es, wir, ihr, sie; mir, dir, ihm, ihr, uns, euch, ihnen; mich ...; mein ...

lieb, blond, frech, blauäugig, hübsch, clever

klug	gut	schmutzig
klüger	besser	schmutziger
am klügsten	am besten	am schmutzigsten

tanzen, lachen, spielen, freuen, schlafen, sein, haben

halten, arbeiten, turnen; (*Hilfsverben:* sein, haben, werden)

ich halte, du hältst, er/sie/es hält, wir halten, ihr haltet, sie halten

ich lerne	du schläfst	ihr tanzt	ich bin
ich lernte	du schliefst	ihr tanztet	ich war
ich habe gelernt	du hast geschlafen	ihr habt getanzt	ich bin gewesen
ich hatte gelernt	du hattest geschlafen	ihr hattet getanzt	ich war gewesen
ich werde lernen	du wirst schlafen	ihr werdet tanzen	ich werde sein

(wir haben) gespielt, (ich bin) geflogen, (du hast) gesungen

sieben, tausend, viele, mehrere, wenig ...

auf, durch, hinter, in, über, unter ...

dass, aber, weil, als, denn ...

a, e, i, o, u
b, c, d, f, g, ..., r, s, t, v ...
ä, ö, ü
ai, au, äu, ei, eu

Wicki kickt den Ball ins Tor.
Wicki *kickt* den Ball ins Tor.

Opa und Oma schenken *Wicki* einen Fußball.
Opa und Oma schenken Wicki *einen Fußball.*

Wicki kickt den Ball *ins Tor.*
Wicki kickte *um 15.13 Uhr* den Ball ins Tor.
Aus Dankbarkeit schenkte er ihr einen Ring.
Übermütig umarmt sie ihren Onkel.

Seite

4 • **Menschen:** Clara, Moritz, Frau, Rennfahrer • **Tiere/Pflanzen:** Löwenzahn, Hund, Ameise • **Dinge:** Nagel, Brille, Fahrrad, Band, Torte, Trommel, Hubschrauber, Berg, Spitze • **Gedanken/Gefühle:** Angst, Freude, Schmerzen, Glück

5 • der Bleistift, der Chef, die Firma, die Post, das Mikrofon, das Papier • ein Segler, eine Welle, eine Muschel, ein Boot, ein Seepferdchen, ein Ufer • das Trikot, der Pokal, der Schuh, der Traum, der Verein, die Flasche, die Tasche, der Ball, der Fan, der Riese

6 Bereitschaft, Erlaubnis, Geheimnis, Gesundheit, Pünktlichkeit, Sauberkeit, Sicherheit, Verlassenheit, Wissenschaft

7 • baden, springen, schwimmen, liegen, spielen, lesen, gehen, umziehen, essen, trinken, kraulen, spritzen • Beispiellösung: Der Junge schläft. Der Kranke niest. Die Möwe fliegt. Der Tenor singt. Die Frau kauft ein. Mein Vater gießt die Pflanze. Der Künstler malt.

8 • dunkel, groß, schief, wild, reich, spannend, süß, laut • kleinen, sonnigen, wertvoller, schweren, dichten, hohen, idyllischen, steinig, erschöpft, wackelige, großen, gutes

9 • herbstlich, regnerisch, gespenstisch, neblig, freundlich, sonnig, eisig, winterlich, diebisch • hoffnungsvoll, dankbar, pünktlich, durstig, ehrlich, betrügerisch, sparsam, scheinbar, endlich, einsam, misstrauisch, fabelhaft, mutig, märchenhaft

10 • dich, du, wir, sie, es, ihr, ich, euch, uns, ihren, ihre, euer, er • ... Sie fanden die Geschichte komisch ... Wenig später waren sie eingeschlafen ... Jesko versteckt sich hinter seinem Rücken. Sie schleichen ... Pfeilschnell saust etwas an ihnen vorbei ... Endlich findet er ihn ... Sie wollte aus der Vase trinken und hat sie umgeworfen. „Du hast uns erschreckt!"

11 • Das **B**etreten der Baustelle ist verboten. Mark übt das **S**chreiben des Buchstabens Q. • Ich lade meinen Freund zum **S**pielen und (zum) **E**ssen ein. Beim **S**pülen ist ein Glas zerbrochen. • Tina hat sich beim **E**ssen so verschluckt, dass sie **h**usten muss. Tim hat vom **R**ennen Seitenstechen bekommen. Wenn ich **r**enne, bekomme ich Durst. Du musst dich **a**nschnallen, bevor wir losfahren. Das **A**nschnallen im Auto ist Pflicht.

12 • Der **N**eue aus dem anderen Team ist superschnell. Das **Ä**rgerliche ist, dass ich Geld verloren habe. Wir wünschen dir alles **G**ute zum Geburtstag. Sonntags gibt es oft etwas **S**üßes. • Hast du heute etwas **L**eckeres gekocht? Das **G**elb auf dem Foto ist viel zu **g**rell. Annika kauft sich etwas **S**chickes zum Anziehen. Philip darf nicht ins **T**iefe; er kann nicht schwimmen. Das **B**este ist gerade **g**ut genug für ihn. Du hast deine Hose sehr **s**chmutzig gemacht. Der **K**ranke braucht ärztliche Hilfe.

13 • ... Deshalb wollen Papa und ich **h**eute eine Weißtanne kaufen. Ich muss bis **a**m **s**päten **N**achmittag warten, denn Papa kommt erst um 17 Uhr ... Die Zutaten kaufen wir **h**eute **M**ittag ein. Beginnen wollen wir **m**orgen **V**ormittag. Hoffentlich kann ich die Plätzchen **a**bends noch pro-

bieren. • **v**orgestern **A**bend, **g**estern, **h**eute **M**orgen, **a**m **V**ormittag, **mi**ttags, **h**eute **N**achmittag, **a**m **A**bend, **k**ommende **N**acht, **m**orgen **M**ittag

15 • **ohne Dehnungszeichen:** Blume, Rabe / Tafel, Betreten, verboten, Leben(sgefahr), gefrorenen, da, Mädchen, den, schwören, tun
• **Dehnungs-h:** Uhr, Fehler / (Lebens)gefahr, fahren, ihren, Schlittschuhen, ihre
• **Selbstlaut-Verdoppelung:** Meer, Waage / Schnee, See, Boote, Haaren
• **ie:** Biene, schießen / liegt, liegen, die, passiert, schieben, ziehen, sie, nie, wieder

16 • Gr**ä**ser, h**ö**ren, gr**ü**n, Fl**ü**gel, L**ö**we, M**ä**ppchen, f**ü**nf, H**ö**hle, R**ü**cken, b**ö**se, Z**ä**hne • die Bänder, die Wälder, die Kühe, die Stürme
• das Gläschen, das Hühnchen, das Röschen, das Schlösschen

17 • die Zöpfe, die Nägel, die Sümpfe, die Blätter, die Hüte • das Äpfelchen, das Fläschchen, das Gäbelchen, das Röckchen, das Püppchen

18 H**ai**, l**au**t, R**äu**ber, D**eu**tsch, S**ei**fe, R**äu**me, M**ai**, **ei**skalt, Z**eu**gnis, D**au**men

19 Gestern, besichtigten, Dinosaurierskelette, ausgestellt, netter, Säle (→ Saal), erklärte (→ klar), Skelett, kräftige (→ Kraft), schnell, fortbewegen, Heimweg, merkte, Museum, vergessen, Lehrer, sehr, verärgert (→ arg), hätten (→ hatten, haben), spät (→ *früher:* spat), erreicht, es

20 neu - Erneuerung, bläulich - blau, die Freude - erfreulich, laut - läuten, kauen - der Wiederkäuer, bezeugen - das Zeugnis, räuchern - rauchen, der Raum - aufräumen, das Kreuz - die Kreuzung, häufig - der Haufen, die Kräuter - das Kraut, seufzen - der Seufzer

21 • Sommer, Suppe, Brille, essen, hoffen, schnurren, gewinnen, Bett, Trennung, Pass, Kuss, fett • Mutter, Butter, Kutter, Futter
• Puppe, Suppe, Gruppe, Truppe • nennen, trennen, brennen, rennen
• Tanne, Wanne, Kanne, Panne • schnurren, knurren, gurren, murren
• Ritter, Splitter, Gitter, bitter

22 • Luke, Fackel, Rakete, backen, nicken, dick, nackt, Werk, Birke, danken, ticken, ulkig • Blitz, Rezept, Metzger, Pilze, Matratze, Pfütze, verdutzt, Witz, nützen, Wanze, Warze, Tatze
• **k**: welken, stark, danken, Krokodil, tanken, Bank, Balken, Paket, pauken • **ck**: Zicke, Zucker, Fackel, Hecke, wecken, Schmuck, Bäcker, wackeln, Päckchen • **z**: Rezept, Herz, Salz, tanzen • **tz**: Satz, Hitze, zuletzt, sitzen, Dutzend

23 • Spaß, Fluss, Rasen, fleißig, lesen, Reise, draußen, müssen
• sausen, Klasse, Gruß, Stoß, Nuss, essen, Pause, Käse, hassen, gießen, schließlich, Lösung, Wiese, Wissen, Kissen, Grieß, Reis

24 • Kleid, Freund, Brot, Wald, Zeit, laut, Wand, Band, bunt, Fund, Wirt, er wird, Hand, Elefant
• Tag, Musik, Technik, Berg, Weg, Volk, Burg, Schlag, Fink

25 • **2 Silben:** Re-gen, Ta-fel, Schu-he, fra-gen, Du-sche, tau-schen, rau-chen, Mu-schel • **3 Silben:** Po-li-zei, Pa-pa-gei, To-ma-te,

Kro-ko-dil, Ka-no-ne, Schau-kel-pferd • **4 Silben:** Bo-gen-schie-ßen, Ba-de-ho-se

26 • Anker, Farbe, Hunger, Winter • sitzen, Fenster, hüpfen, Wespe • hel-fen, Hem-den, Müt-ze, sit-zen, kos-ten, Os-tern, stop-fen, trin-ken, Bil-der, klop-fen, fan-gen, Wes-te, Frat-ze, bas-teln, Din-ge, Kan-te

27 • Kut-te, zit-tern, ret-ten, blät-tern • flüs-sig, Was-ser, küs-sen, Fäs-ser • Pfan-ne, in-nen, don-nern, bren-nen • Trap-per, Wip-pe, Trep-pe, hop-peln
• A-ben-teu-er, I-gel, Brenn-holz, Haus-flur, Rund-gang, Sonn-tag, U-hu, But-ter-brot, Sand-sturm, Tank-zug, Not-aus-gang, Rie-sen-rad

28 Juchhu, bald sind Ferien**!** Hast du den Computer ausgeschaltet**?** Jana spielt in ihrem Baumhaus**.** Mathias, räum endlich das Spiel auf**!** Der Zug fährt langsam in den Bahnhof ein**.** Sind deine Hände auch so kalt**?**

29 Im Zoo haben wir Affen, Löwen, Elefanten und sogar Krokodile gesehen. Marion, Anna, Moritz, Katrin und Johannes sind schon zur Falknerei gelaufen. Nächsten Sonntag gehen wir ins Kino, auf den Spielplatz oder ins Schwimmbad. Oma, kaufst du mir ein Eis? Hej, der Seehund spritzt mich ganz nass! Du, gib mir mal schnell den Fotoapparat!

30 Die Fans hoffen, dass ihre Nationalmannschaft die Fußball-WM gewinnt. Meine neue Hose ist schön, aber zu lang, obwohl ich doch so groß bin. Lydia fährt mit dem Bus zum Kino, weil das Auto ihrer Mutter kaputt ist. Es war schon dunkel, als wir von der Radtour nach Hause kamen. Nimm dir ein Stück Pizza, falls du Hunger hast. Das Buch, das Victoria mir geschenkt hat, ist fabelhaft.

31 Der Lehrer fragt: „Was ist denn passiert?" Kevin antwortet: „Max hat mich gestoßen!" Max verteidigt sich: „Kevin hat meinen Füller versteckt." Der Lehrer ermahnt sie: „Setzt euch! Ich finde, dass euer Verhalten nicht okay ist. Was könnt ihr tun, damit so etwas nicht mehr passiert?"

34 • die Nächte, die Strände, die Eier, die Hemden, die Flügel, die Tage, die Atlanten • Leute bzw. Ferien gibt es nur in der Mehrzahl; Obst bzw. Hitze steht immer in der Einzahl, obwohl „Obst" mehrere Früchte meint (vgl.: Das Obst *ist* noch nicht reif)

37 • Der Baum steht vor dem Haus. Die Blätter des Baum(e)s sind herbstlich gefärbt. Kathi gibt dem Baum im Sommer Wasser. Großvater hat den Baum vor 50 Jahren gepflanzt. • Wem hilft Martina? → Dativ • Wer oder was beginnt um 7.45 Uhr? → Nominativ • Wessen Ranzen ist schwer? → Genitiv • Wen oder was holt der Lehrer Herr Schulz? → Akkusativ • Wer oder was spielt in der Pause? → Nominativ • Wessen drei Schüler haben eine Eins? → Genitiv

38 Sie finden ihn atemberaubend. Ihr macht es Spaß. Er trägt es. Er hat sie geärgert.

39 Jonas sucht seinen Tennisschläger. Mit seinem Team hat er ein ... Punktespiel. „Ich suche meinen Schläger!" ... „Ist das meiner oder deiner?" – „Das ist meiner", antwortet Philip. „Beeil dich, dein Spiel beginnt!" Julia bietet Jonas ihren Schläger an ... „Habt ihr eure Sachen dabei?"

40 Taschenbuch, Pferdebuch, Bilderbuch, Kinderbuch, Pflanzenbuch

41 • Lesebrille, Kochtopf, Schaukelpferd, Lenkrad, Waschmaschine, Stricknadel • Altpapier, Grünfutter, Großmaul, Frohsinn, Edelmetall, Warmluft

42 • **Kleidung:** Rock, Pullover, Hose, Mantel, Hemd • **Werkzeug:** Hammer, Zange, Säge, Schraubenzieher, Bohrmaschine • **Backwaren:** Torte, Weißbrot, Brezel, Kuchen, Mohnbrötchen • **Schmuck:** Ehering, Brosche, Halskette, Armband, Ohrring • **Gemüse:** Karotte, Zwiebel, Tomate, Rotkohl, Paprika
• Beispiellösung: „Endlich Ferien!", jauchzt Miriam. „Wurde auch Zeit", stöhnt Nina. „Die Tests waren anstrengend", seufzt Udo. „Wollen wir heute Nachmittag ins Kino?", fragt Uli. „Gute Idee!", meint Susi. „Wir könnten uns um 14.30 Uhr am Eingang treffen", schlägt Tim vor. „Abgemacht!", rufen alle begeistert.

43 Heft, schreien, Schraube, Stift, Schere, reiben, Schrei

44 • ich trage, du trägst, er/sie/es trägt, wir tragen, ihr tragt, sie tragen
• ich tanze, du tanzt, er/sie/es tanzt, wir tanzen, ihr tanzt, sie tanzen

45 • ich lese, du liest, er/sie/es liest, wir lesen, ihr lest, sie lesen
• ich esse, du isst, er/sie/es isst, wir essen, ihr esst, sie essen
• ich halte, du hältst, er/sie/es hält, wir halten, ihr haltet, sie halten
• Brigitta bastelt ... Oma strickt ... Anouschka und Jeremy backen ... Ich helfe ... ruft Natascha und stürmt ... ihr schmückt ... malen wir ...

46 Milan schwimmt im Wasser. Moni taucht unter und sucht nach Muscheln. „Ich kaufe mir jetzt ein Eis", sagt Sonja. Luca und Marie spielen Volleyball am Strand. Mama liegt unterm Sonnenschirm und faulenzt.

47 Ich werde in die Grundschule gehen. In Mathe werde ich bis 1 Million rechnen. In Diktaten werde ich nur wenig Fehler machen. Oft werde ich spannende Aufsätze schreiben. Der Musikunterricht wird mir am meisten Spaß machen. Auch der Sachunterricht wird mich sehr interessieren.

49 • ich sage, ich sagte, ich habe gesagt, ich hatte gesagt, ich werde sagen; du sagst, du sagtest, du hast gesagt, du hattest gesagt, du wirst sagen
• er schläft, er schlief, er hat geschlafen, er hatte geschlafen, er wird schlafen; wir denken, wir dachten, wir haben gedacht, wir hatten gedacht, wir werden denken

50 ausgehen, untergehen, aufgehen, entgegengehen, zugehen, vorausgehen

51 heiß → der heiße Tee, spitz → die spitze Nadel,
weiß → der weiße Schnee, reich → die reichen Millionäre,
grün → der grüne Salat, gelb → die gelbe Banane

52 • Die Haut von Schneewittchen ist so weiß wie Schnee und die Lippen sind so rot wie Blut. Felix ist so schlau wie ein Fuchs. Nina rennt fast so schnell wie ein Gepard. • Honig ist süßer als Milch. Oma ist älter als Mama. In der Antarktis ist es kälter als in Spanien.
• gut, besser, am besten; viel, mehr, am meisten

53 • **bestimmte Zahlwörter:** siebzehn, fünfmal, einunddreißig, dreifach, acht, elf, tausend, zweieinhalb
• **unbestimmte Zahlwörter:** zahlreiche, alle, viel, wenig

• sieben, fünfzehn, sechzig, dreiundachtzig, neunundneunzig, einhundertzwei, dreihundertfünfundvierzig, neunhundertsiebenundachtzig

54 Tanja steht **auf** dem Sprungturm. Anna springt **durch** einen Reifen. Ben taucht **nach** bunten Ringen. Chris schwimmt **hinter** Eva. Nico macht eine Bombe **ins** (**in** das) Wasser.

55 • Beispiellösung: Das Geburtstagskind bläst die Kerzen auf der Torte aus. Der Junge freut sich aufs Auspacken der Geschenke. Das Zimmer ist mit einer Girlande geschmückt. Auf dem Geburtstagstisch liegen schon einige Geschenke. Der Lampion hat ein Mondgesicht.
• Haben wir genug Orangensaft? Wann kommen endlich die Gäste? Wo steht die Holzkohle? Hast du den Salat schon vorbereitet? Möchtest du mit mit tanzen?

56 • Hilfe, Hilfe! Ach, du liebe Güte! Halt, stehen bleiben! Toll gemacht! Mann, hast du ein Glück! Oh weh, mein Geld ist weg! • Zapple nicht dauernd herum! Hör auf, in der Nase zu bohren! Sei leise! Hilf mir bitte! Gib mir bitte ein Stück Zucker! Hej, beeil dich!

57 Achtung, Achtung**!** Bitte zurücktreten**!** Gib mir bitte ein Taschentuch**!** Wo steckt meine Fahrkarte**?** Wir gehen auf den Bahnsteig**.** Nun hilf mir doch mit dem Koffer**!** Hast du auch alles eingepackt**?** Es ist 5.30 Uhr**.** Unsere Sitzplätze sind reserviert**.** Wir brauchen uns nicht zu beeilen**.** Hilfe, ein Dieb**!** Wann fährt der Zug ab**?**

58 (Den) Onkel August besuchen Lilly und Amelie im Zirkus. Besuchen Lilly und Amelie im Zirkus Onkel August? (Oder: Besuchen Lilly und Amelie Onkel August im Zirkus?) Im Zirkus besuchen Lilly und Amelie Onkel August.

Onkel August	spielt	mit seinem Affen	im Garten.

Bsp.: Mit seinem Affen spielt Onkel August im Garten. Onkel August spielt im Garten mit seinem Affen. Im Garten spielt Onkel August mit seinem Affen. Spielt Onkel August im Garten mit seinem Affen? Spielt Onkel August mit seinem Affen im Garten?

Auf der Wiese	steht	ein Elefant.

Ein Elefant steht auf der Wiese. Steht ein Elefant auf der Wiese?

Onkel August	feiert	mit Lilly und Amelie
in seinem Wohnwagen	seinen 50. Geburtstag.	

Bsp.: Onkel August feiert in seinem Wohnwagen mit Lilly und Amelie seinen 50. Geburtstag. Onkel August feiert seinen 50. Geburtstag mit Lilly und Amelie in seinem Wohnwagen. Mit Lilly und Amelie feiert Onkel August in seinem Wohnwagen seinen 50. Geburtstag. In seinem Wohnwagen feiert Onkel August mit Lilly und Amelie seinen 50. Geburtstag. Seinen 50. Geburtstag feiert Onkel August in seinem Wohnwagen mit Lilly und Amelie. Feiert Onkel August seinen 50. Geburtstag mit Lilly und Amelie in seinem Wohnwagen? Feiert Onkel August mit Lilly und Amelie in seinem Wohnwagen seinen 50. Geburtstag?

60 Wer oder was legt seine Rüstung an? → der Ritter
Wer oder was zieht ein schönes Kleid an? → die Burgherrin
Wer oder was frisiert sich? → sie
Wer oder was sattelt im Stall das Pferd? → der Knappe
Wer oder was bereitet seit Stunden das Festessen vor? → die Köchin
Wer oder was spielt im Burghof mit goldenen Kugeln? → die Kinder

Der berühmte Ritter Kuno hat zu einem Turnier eingeladen.
Viele Ritter sind erschienen. Auch die Knappen sind dabei.
Sie helfen ihren Herren beim Anziehen. Auch kümmern sie sich um die Pferde.
Alle warten gespannt auf den „Schwarzen Ritter".
Er hat schon oft gesiegt. Nach dem Turnier findet ein Festmahl statt.
Darauf freuen sich auch schon die Kinder.

61 Die Hexe Xenia fliegt auf ihrem Besen. Sie hext jeden Tag. Der Rabe Rudi sitzt auf ihrer Schulter. Zwei Kinder klopfen an der Tür. Sie haben sich verlaufen. Die Hexe Xenia gibt ihnen Limo und Kuchen. Dann zeigt sie ihnen den Weg nach Hause.

62 Ich füttere den Hund *(Prädikat ist nicht zweiteilig)*. Ich werfe die Briefe ein. Ich gebe ein Paket ab. Ich wärme das Essen auf. Ich rufe Papa an.

63 Wen oder was bestellt Jana im Versandhaus? → zwei Hosen und ein Shirt
Wen oder was kauft Herr Müller? → einen schicken Gebrauchtwagen
Wem schickt die Firma kostenlos ein paar CDs? → Lara und Benjamin
Wem gehören die Bücher nach Bezahlung? → dem Kunden

64 Die Bäuerin bringt den Hühnern Körner. Pia erntet Erdbeeren. André schenkt die Pilze seinem Nachbarn. Der Tierarzt hilft dem verletzten Pferd. Die Magd serviert der Familie das Mittagessen. Der Pferdepfleger reicht dem Reiter das Zaumzeug. Der Schäfer schenkt dem Bauern ein Schaf. Die Köchin kocht dem kranken Stallburschen eine Suppe.

65 Wohin fliegen die Geschäftsfrau und ihr Begleiter? → nach Italien
Wohin lassen sie sich mit dem Taxi bringen? → zum Flughafen
Wo geben sie ihr Gepäck ab? → an einem Schalter
Woher kommt gerade eine Maschine? → aus Paris
Wo müssen die Dame und der Herr warten? → in der Abflughalle
Woher kommt die Durchsage? → aus dem Lautsprecher
Wohin (sollen) alle Passagiere (kommen)? → an Bord

66 • Um 14.30 Uhr legt das Rhein-Schiff ab. Die Fahrt dauert insgesamt zwei Stunden. Schon seit Tagen freut sich Max auf die Schifffahrt. Vor der Abfahrt lässt der Kapitän dreimal hupen. In der Nacht träumt Max von diesem tollen Tag.
• Mara wohnt seit drei Jahren in Frankfurt. Mit dem Zug will sie nach Bremen fahren. Der IC fährt um 9.20 Uhr auf Gleis 5 ab. Leider hat er 20 Minuten Verspätung. Nach 30 Minuten sitzt sie endlich im Abteil. Sie muss zweimal umsteigen.

67 Der Verteidiger steht nervös am Spielfeldrand. Geschickt umspielt der Stürmer seinen Gegner. Mit einem Elfmeter erzielt der Fußballstar ein Tor. Der Schiedsrichter bricht durch einen Pfiff das Spiel ab. Voller Begeiste-

rung feiern die Fans den Sieg ihrer Mannschaft. Der Torwart des gegnerischen Teams sieht enttäuscht aus.

68 Das kleine Gespenst konnte wegen einer starken Stauballergie nur im Freien schlafen. Zur Strafe darf die älteste Gespensterdame 999 000 Nächte nicht mehr spuken. Aus Angst vor Spinnen versteckt sich das Baby-Gespenst im Schrank. Laurenz, der Gespenstervater, verschließt das schwere Burgtor zum Schutz vor Einbrechern. Vor lauter Wut trat der Chef der Gruselgeister gegen die Tür.

69 • Die Fastnachtsnarren (Satzgegenstand/Subjekt) veranstalten (Satzaussage/Prädikat) prachtvolle Umzüge (Akkusativ-Objekt).
• Die Hexe (Subjekt) konnte nicht mitmachen (Prädikat) den Umzug (Akkusativ-Objekt) wegen Halsweh (Adverbial des Grundes).
• Tagsüber (Adverbial der Zeit) tanzen (Prädikat) an jeder Straßenecke (Adverbial des Ortes) fröhliche Monster (Subjekt).
• Langsam (Adverbial der Art und Weise) ziehen (Prädikat) die verkleideten Menschen (Subjekt) in Richtung Rathaus (Adverbial des Ortes).

71 Julias Geschichte: Im Hauptteil ist der Höhepunkt zu knapp geraten.

73 Die Traumhexe: Einleitung und Schluss fehlen.
Die Geschichte wurde in der 3. Person (Er/sie-Form) geschrieben.

75 Stichwörter, die zur Geschichte gehören: 1. Zirkus besuchen, 2. Eis kaufen, 3. erschrecken, 4. zitternd dastehen, 5. Tränen in den Augen, 6. Löwenkopf abnehmen, 7. angrinsen, 8. zum Platz gehen

82 • Tobias' Abenteuer: 1. Boot mieten, 2. auf dem See rudern, 3. Streit, wer rudern darf, 4. Rangelei, 5. Boot kentert, 6. Jungen fallen ins Wasser, 7. beide schwimmen an Land, 8. Bootsverleiher hilft
• Rahels Erlebnis: 1. Rahel packt Picknick-Rucksack, 2. Rahel und Lea spielen Ball, 3. Rahel trifft eine Freundin, 4. Rahel spricht mit Rosa, 5. Leas Ball fällt ins Wasser

84 Stichwörter: **Sommerferien, Nadel, Schlauchboot,** Ufer, Rucksack, Zelt, Luft (die ersten drei wären besonders gute Reizwörter)